1．本著作为 2023 年教育部人文社会科学研究一般项目"地方高校服务区域高质量发展的创新实践与推进策略研究"（项目编号：23YJA88024）结项成果。

2．本著作为桂林旅游学院学术著作出版资助计划项目，由"桂林旅游学院旅游管理广西一流学科专项经费"资助。

地方高校服务区域高质量发展的创新实践及推进策略

李茂林　著

INNOVATIVE PRACTICES AND
ADVANCEMENT STRATEGIES OF
LOCAL UNIVERSITIES IN SERVING HIGH-QUALITY

社会科学文献出版社
SOCIAL SCIENCES ACADEMIC PRESS (CHINA)

目　录

绪 论

第一节 研究背景

经济的高质量发展是区域经济建设的核心目标，其成效直接关系民众生活质量的提升以及社会文明的培育，并且对城乡经济一体化的进程与和谐社会的构建具有重要影响。因此，深入探讨区域高质量发展的问题具有重要的现实意义。当前，高质量发展已经取得了显著的进展，但在这个过程中也面临不少挑战。出现这一问题的原因是多方面的，其中尤为关键的是地方高校在促进区域高质量发展方面存在一定程度的脱节。随着知识经济的崛起，经济增长模式经历了重大转变，社会生产力的重心从依赖自然资源转向依赖科技和人才。高等院校不仅是培养人才的摇篮，也是科技创新的前沿阵地和文化传承的重要载体，它们在推动国家和地区经济发展中扮演着关键角色。

1810 年柏林洪堡大学（Humboldt University of Berlin）成立，标志着现代高等教育机构诞生，至今已有超过 200 年的历史。高等教育的演进见证了高校服务社会的历程，随着高校与社会的深度融合，高校在社会服务中的作用得到了广泛认可。在近代中国，高校不仅承载着推动社会发展的使命，还肩负着挽救民族危机的特殊责任，如北洋大学堂和京师大学堂的成立便是为了因应国家和社会的迫切需求。高校与国家和社会的命运紧密相连，形成了不可分割的共同体。自近代以来，中国的高校在追求自身发展的同时，也一直致力于服务国家和社会。改革开放以来，高校通过传播科学知识、引领技术创新、培养人才，为中国特色社会主义现代化建设做出了显著贡献。在当前经济发展进入新常态的背景下，面对经济社会的重大变革和产业结构的全面升级，高校通过智力成果和人力资源的输出引领社会发展的使命变得更加紧迫。国际上许多顶尖高校已经在这方面树立了成功的典范。纽约大学产业联络办公室数据显示，该校超过 60% 的科技研发成果已经实现了授权转化与开发，这一高授权率使其成为全美高校科技服务社会的典范。此外，超过 130 家初创企业依赖纽约高校的技术成立，这充分展现了高校在服务城市发展和促进经济增长方面的引领能力。除了通过科学技术推动经济社会发展外，高校的人文社会学科也展现出强大的服务潜力。例如，伦敦因当地高校对人才的吸引力而被誉为"文创之都"。全英国 1/3 的文创领域学术工作者分布在伦敦高校的多个学科中，他们从事艺术与设计、戏剧、音乐、舞蹈、表演等领域的研究。除了人才培养、咨询服务和衍生业务外，这些学者还将服务扩展到城市和社区的公共空间，为市民提供多样化的文创讲座、表演、展览和博物馆教育，每年受益的居民超过 560 万人，占伦敦总人口的一半以上。作为高等教育体系中的关键职能之一，高校的社会服务功能承载着重要的时代责任，其社会价值和意义不容忽视。

地方高校的地域特色决定了其在社会服务中的服务范围具有明确的地域性。在当前历史阶段，将服务区域经济建设作为地方高校的重要战略任务对双方的发展都具有重要意义，这种互动关系表现为互利共赢。首先，地方高校具有服务区域经济建设的地理优势。这些高校通常位于区域经济的核心地带，拥有服务地方社会的便利条件，与区域经济和社会有着紧密的联系。同时，地方高校的发展资金主要来源于地方财政，而资金的到位情况与地方经济社会的发展密切相关——取决于当地居民的文化素质。此外，这也与地方政府的政策支持和良好的经济环境有着直接联系。其次，区域经济建设为地方高校的发展提供了宝贵的机遇。资金和人才是制约地方高校发展的两大因素，而区域经济的发展为解决这些问题提供了重要的途径。地方高校服务区域经济建设，不仅可以获得更多的资金支持，还可以吸引和培养更多的优秀人才。最后，服务区域经济建设是地方高校的理想选择。地方高校的设立初衷就是推动区域经济发展，这也决定了它们在服务地方社会方面的独特使命。在区域经济建设中提供智力支持，既是国家对地方高等教育的要求，也是地方高校实现快速发展的有效途径。地方高校需要主动提升办学水平，充分利用所在区域的经济发展特点，在区域经济建设中发挥引领作用，这已成为政府支持办学的重要目标。因此，地方高校与区域经济之间的良性互动对于实现双方的互利共赢至关重要。

在当代，随着全球化的不断深入，知识和科学已经成为推动经济发展的核心要素。依赖传统粗放型增长方式促进经济发展的时代已经结束。在总结改革开放经验的基础上，我们提出了科学发展观。科学发展观的第一要义是发展，核心是以人为本，基本要求是全面、协调、可持续，根本方法是统筹兼顾。高校在落实科学发展观中发挥着重要作用，地区为高校提供必要的物质资源和学生，高校则为地区的经济发展提供智力支持。此外，随着智库的兴起，各国不同类型的高校几乎都参与到了国家智慧建设中，地方高校也应参与到地方政府的决策和发展中。地方高校作为国家高等教育体系的关键组成部分，肩负着为地区经济和社会发展培养人才、提供技术支持以及传承和创新文化的重任。地方高校与区域经济的良性互动有助于实现二者的互利双赢。

第二节　研究目标与内容

一　研究目标

本书以科学发展观为指导思想，聚焦由各省、自治区、直辖市管辖并依赖地方财政资助的普通高等学校，即地方高校，这些高校通过其智力资源直接参与到社会生产和社会发展中。本书致力于分析地方高校与区域高质量发展之间的密切联系，以地方高校在区域高质量发展中的角色和作用为核心，系统地探讨了地方高校的起源、基本职能以及其服务区域高质量发展理念的演变历程。在研究过程中，本书以内生经济增长理论、教育经济一体化理论、教育的服务属性论和嵌入性理论为理论支撑，从地方高校的服务职能角度出发，全面剖析了地方高校在促进区域高质量发展中的历史地位和作用。

此外，本书运用实地调研和实证分析的方法，将地方高校、地方政府和企业视为一个整体进行考察。深入探讨了地方高校在促进区域高质量发展中的优势、劣势以及面临的机遇与挑战，并在此基础上，总结了地方高校服务区域高质量发展的创新实践，旨在探索促进地方高校服务区域高质量发展的系统性策略。主要研究目标如下。

首先，构建地方高校服务区域高质量发展影响因素的理论模型，旨在通过深入剖析地方高校服务区域高质量发展的静态要素、动态机制与外部因素，从理论分析的角度厘清地方高校服务区域高质量发展的影响因素。在此基础上，构建一个全面的理论模型，该模型涵盖地方高校服务区域高质量发展的各个方面，包括但不限于教育资源的配置、人才培养模式的创新、科研成果转化的效率以及与区域经济社会发展的协同效应。

其次，全面梳理国内地方高校服务区域高质量发展的实践经验。通过对我国各地方高校代表进行案例研究，系统总结新时代以来我国地方高校在服务区域高质量发展过程中所积累的实践经验，具体包括：静态要素建设，如基础设施和学科建设的优化；动态机制构建，如人才培养和科研合作的新模式；社会服务形式创新，如产学研结合的新模式和社区服务的拓展；等等。

最后，提出推进我国地方高校服务区域高质量发展的系统策略。这些策略包括：优化各级政府部门支持地方高校服务区域高质量发展的政策机制，提升地方高校服务区域高质量发展的能力，构建更加高效、协同和创新的地方高校服务体系，以更好地服务于区域高质量发展。

二 研究内容

本书深入探讨地方高校在服务区域高质量发展中的优势、劣势以及面临的机遇与挑战，通过融合内生经济增长理论和教育经济一体化理论，并结合普通本科高校向应用技术型大学转型的实际需求，采用实地调研与实证分析的方法，将地方高校、地方政府与企业视为一个整体进行综合考察。

尽管理论上认为地方高校与区域经济应相互依存、共同发展，但在实践中，不同的实践主张可能会产生抵消效应，导致管理者难以做出恰当的决策。因此，本书将在多种理论框架和互动需求的背景下探讨地方高校与区域经济的共生特征，以及地方高校服务区域高质量发展的条件、原则、目标和路径。

通过对这些议题进行深入分析，本书旨在建立区域经济建设与地方高校职能共生相容的理论模型，从而为地方高校发展的实践方向提供一定的指导。接着，本书将分析和总结国内外地方高校服务区域发展的经验与启示，并以此反思地方高校与区域高质量发展的关系。

此外，本书还将通过分析地方高校人才资本对经济增长的贡献，评价地方高校科技创新绩效，并结合"一带一路"倡议实施的大背景，提出地方高校服务区域高质量发展的政策建议。这些建议包括创新高校、政府和企业三方互利共赢的机制，提升地方高校服务区域高质量发展的能力，拓展地方高校服务区域高质量发展的路径。

第三节　国内外研究综述

一　国外相关文献综述

关于地方高校服务区域发展，西方国家取得了显著的研究成果，积累了丰富的经验，并且在理论上进行了更深层次的探索。相比国内，国外关于地方高校服务区域发展的研究历史更长，已经持续上百年。从广义上讲，高校的职能已经包括为区域发展服务的内涵。因此，本书在初步探讨国外高校职能的同时，也简要说明国外高校与区域发展之间的互动关系。

1. 高校服务区域发展思想的形成与发展研究

威斯康星大学是大学直接服务地方经济社会的典范。它首次明确将"公共服务"纳入高校的三大基本职能之一，并与政府建立了紧密的合作关系。威斯康星大学校长查尔斯·范海斯（Charles Van Hise）在 1904 年就职演讲中提出："服务应该是大学唯一的理想，大学的边界就是州的边界。"① 其强调大学的服务范围应覆盖整个州，为全州人民服务，对美国乃至全世界的高等教育产生了深远的影响。该思想实质上推动了高等学校职能的拓展，使其成为直接为当地社会发展提供人力资源的重要机构。

1862 年《莫里尔法案》的实施不仅在美国掀起了赠地运动，也促进了全球大学向服务地方经济社会发展的方向转型。查尔斯·范海斯提出，教学、科研和服务是大学不可或缺的职

① 张振助：《高等教育与区域互动发展论》，广西师范大学出版社，2004，第5页。

能，并强调州立大学必须重视每一项社会职能的实际价值。这一理念不仅在美国得到体现，其他国家如德国的汉堡工业大学、英国的华威大学以及日本的筑波大学也都在服务区域经济社会发展的过程中形成了自己的特色并迅速发展。筑波大学更是将威斯康星大学提出的产学研合作模式进一步发展为政产学研合作模式，对合作的必要性、途径等进行了深入研究。

在美国高等教育体系中，除了政府和高校自身，社会力量也发挥着推动高校服务地方经济社会发展的关键作用。广泛的社会参与形成了与政府和高校权力相互交织的社会网络组织。同时，社会矛盾和冲突也促使高校更加积极地为国家利益服务，进一步强化了高校与社会需求的紧密联系。

2. 高校与区域发展关系的研究

教育自诞生以来便与社会环境形成双向建构关系，高等教育机构通过知识生产、人才培养与文化传播等路径深度参与区域发展进程。这一互动机制在学界引发广泛讨论，英国教育哲学家约翰·亨利·纽曼（John Henry Newman）在其经典著作《大学的理念》（*The Idea of a University*）中提出，大学的根本使命在于培养具备批判思维与社会责任感的公民，通过智力共同体（Intellectual Community）的构建推动社会进步[1]。这一理念为高等教育的社会服务职能奠定了哲学基础。21 世纪以来，学者们进一步拓展了大学职能的理论边界。例如，莎莉·贝克（Sally Baker）在《高等教育政策》（*Higher Education Policy*）发表的《重构大学：高等教育的社会功能》（Rethinking Uni-

---

[1] 〔英〕约翰·亨利·纽曼：《大学的理念》，杨慧林、金莉主编，中国人民大学出版社，2012。

versities：The Social Functions of Higher Education）中指出，现代大学需从"知识堡垒"转向"社会节点"，通过课程改革、社区参与和技术转移等方式实现角色转型[①]。在实证研究层面，罗伯塔·皮亚扎（Roberta Piazza）以澳大利亚黄金海岸大学为案例，从六个方面探讨了大学对区域经济发展的贡献，包括企业发展、技术转移、资源供应链、技术研发、校企合作和社区参与[②]。

国外学者的研究明显集中在高校服务社会职能的价值和重要性以及高等教育与社会的关系上。他们通常将社会服务视为高校职能的延伸，并综合研究高校的多种职能。然而，也应注意到，许多研究以大学整体为研究对象，而单独针对公立大学或私立大学的研究相对较少。

3. 高校服务经济社会发展的动因研究

亨利·埃茨科威兹（Henry Etzkowitz）等在 2000 年的研究中探讨了高等教育职能的演变，指出高等教育或高校的职能演变受内外因素的共同作用，其中内部因素主要涉及地区高等教育机构对区域经济增长的贡献[③]。罗伯特·弗兰特（Robert Forrant）在 2001 年以爱尔兰利莫瑞克大学为例进行研究，强调了该大学对经济社会的直接利益贡献[④]，这在当时对

① Baker, S., "Rethinking Universities: The Social Functions of Higher Education", *Higher Education Policy*, 2007, 20 (3): 287-301.

② Piazza, R., "The Learning Region between Pedagogy and Economy", *European Journal of Education*, 2010, 45 (3).

③ Etzkowitz, H., Webster, A., Gebhardt, C., Terra, B., "The Future of the University and the University of the Future: Evolution of Ivory Tower to Entrepreneurial Paradigm", *Research Policy*, 2000, 29 (2): 313-330.

④ Forrant, R., "Pulling Together in Lowell: The University and the Regional Development Process", *European Planning Studies*, 2001, 9 (5): 613-628.

欧洲大学的传统概念来说是一个重大的突破。所以埃茨科威兹等认为，内外因素的结合促进了以企业模式运作的大学和教育机构的出现，这些大学和教育机构的目标随着区域、国际经济发展的需求而不断调整。随着大学服务经济社会发展职能的增强，企业主义精神开始在大学中兴起，推动了大学角色的转变。然而，这种转变也面临批评。埃茨科威兹等提出，过度的企业化可能会削弱大学思想的独立性。也有观点认为，大学应重新审视其在传统教育中的角色，并根据经济社会发展的需要调整其目标①。

4. 高等教育对经济发展贡献的研究

西方国家在高等教育对经济发展贡献方面进行了广泛研究，形成了几个重要的理论，主要成果集中于舒尔茨的人力资本理论、丹尼森的增长因素分解法及罗默和卢卡斯的内生经济增长理论。

在 20 世纪，教育与经济的紧密联系开始受到全球范围内的广泛关注。美国芝加哥大学西奥多·W. 舒尔茨（Theodore W. Schultz）教授在研究经济增长因素的过程中，试图量化高等教育在经济增长中的贡献，从而评估高等教育对经济发展所起的作用。20 世纪 60 年代，舒尔茨创立人力资本理论，并在随后的著作中对此进行了深入探讨。特别是在其著作《教育的经济价值》中，舒尔茨对美国 1929~1957 年经济发展与教育进步之间的关系进行了数学分析。研究结果显示，教育投资的平均回报

① Bramwell, A., Wolfe, D. A, "Universities and Regional Economic Development: The Entrepreneurial University of Waterloo", *Research Policy*, 2008, 37（8）: 1175 - 1187.

率大约为 17.3%，在劳动收入增长中教育投资带来的收益占比高达 70%，而"教育资本"对经济增长的贡献率约为 33%①。舒尔茨的理论主要包含以下几个方面。首先，他将资本划分为物质资本和人力资本两种形式，并提出人力资本投资是经济增长的主要动力。其次，舒尔茨挑战了传统观念，强调了人力资本的重要性，并认为个人投资可以显著提升个人的福利水平。再次，他对人力资本的内涵进行了界定，认为人力资本包括个人的技能、知识、经验以及经历，这些因素能够促进生产效率的提升和人口素质的改善。最后，他通过研究证实，人力资本投资是经济增长的关键源泉，并指出人力资本投资的回报率通常超过物质资本投资的回报率。通过分析教育水平提高带来的教育资本存量增加及其收益率，舒尔茨量化了教育对经济增长的贡献。

美国学者爱德华·富尔顿·丹尼森（Edward Fulton Denison）从多个角度深入考察了影响经济发展的因素，并出版了多部具有影响力的著作，如《美国经济增长的因素和我们面临的选择》和《为什么经济增长率不同》等。丹尼森的研究特别强调了教育在经济增长中的作用，他通过深入分析 1929 年至 1957 年美国的经济数据，提出了一种被称为"丹尼森系数法"或"增长因素分析法"的方法来衡量教育对经济增长的贡献。丹尼森的方法论在计量经济学领域具有创新性，因为它解决了传统方法无法充分解释劳动和资本投入对国民收入增长作用的"残留"问题。丹尼森的研究显示，教育的良性发展对美国同期经济增长的贡献率约为 23%，这一发现在学术界获得

① 〔美〕西奥多·W. 舒尔茨：《教育的经济价值》，曹延亭译，吉林人民出版社，1982，第 130~132 页。

了高度评价，为后续研究奠定了基础。

20世纪80年代以来，以罗默、卢卡斯为代表的内生经济增长理论生成。他们进一步完善了人力资本理论，将人力资本因素作为一个独立的变量引入经济增长模型，以此来解释国家经济增长中出现的新问题。在新增长理论的框架下，生产函数被定义为一个与资本、劳动力、人力资本以及技术进步紧密相关的函数，形式上可以表示为 $Y = F(K, L, H, t)$。这里，Y 代表总产出，K、L、H 分别指代物质资本、劳动力和人力资本的存量，而 t 指代时间这一变量。这一理论的核心观点是，经济增长和发展的关键动力并非显而易见的物质资本，而在于知识资本和人力资本的积累。显然，知识资本的积累主要源自研究与开发活动，以及教育和培训的投资。内生经济增长理论实现了从外生分析到内生机制考察的转变和超越，将经济增长理论引入这个崭新的时代。

5. 高校服务区域发展的形式和路径研究

众多学者对大学如何服务社会进行了深入探讨。弥都斯（J. C. Meadows）在《州立大学及其职能》一文中提出，大学应当将教学、科研和社会服务三项职能有机结合。希利（R. S. K. Seely）在1948年出版的《大学职能》一书中指出，高等学校为公众提供了学习和获取知识的平台，是社会不可或缺的一部分。克拉克·克尔（Clark Kerr）在《大学的功用》中讨论了全球化时代大学与中世纪及19世纪大学的不同之处，强调现代大学与社会的广泛联系。詹姆斯·J. 杜德斯达（James J. Duderstadt）在其著作《21世纪的大学》中提出，美国高等教育的显著特点在于其服务社会和培养公民责任感的能力。大卫·J. 韦尔茨（David J. Weerts）和洛丽丽·S. 桑德曼（Lorilee S. Sandmann）在《建立双向路径：研究型大学社区参与的挑战与机遇》中，根据知识流动将高校服务社会的形式分为单向度模式和双向互动参与模式，前者以短期课程和拓展服务为特点，后者强调双方建立合作实体，实现相互依存。美国夏威夷大学希洛分校校长爱德华·J. 柯满迪认为，教学和研究是大学间接参与经济社会服务的两个主要途径：一方面，大学培养了经济社会发展所需的人才；另一方面，科学研究在发现新知识的同时，也解决了实际问题。安东尼·库克里奥斯基（Antoni Kuklioski）在 2001 年的研究中提出，大学对企业的重要性不仅在于其"母校"的角色，还在于其为区域经济服务的能力。这种能力主要体现在两个方面：一是为劳动力提供必要的知识和技能；二是促进区域创新，加强企业与大学的联系，从而提升区域企业的全球竞争力[1]。

　　大多数学者认为技术合作和合作教育是国外普遍的两种高校服务区域经济发展的形式，高校通过输出技术服务企业发展，或者直接与企业联合培养所需要的高素质人才。现阶段推动发达国家地方高校服务区域经济发展的主要形式是"政产学研"，它是由最初的"产学结合"到"产学研结合"，一步步丰富和完善而来的。这种形式在发达国家不断实践，并向世界扩散。英国的很多地方高校在这方面做出了很好的示范，英国南安普敦索伦特大学和伦敦南岸大学在发展过程中就非常注重区域经济发展的需求。英国南安普敦索伦特大学实现了学生教

① Kuklioski, A., "The Role of Universities in Stimulating Regional Development and Educating Global Elites", *Higher Education in Europe*, 2001, 36 (3).

学、应用研究和商业服务的结合。索伦特创意中心还是英国首屈一指的大学生创新创业机构。该中心拥有自己的网络平台，专门为学校学生与外部企业搭建桥梁。伦敦南岸大学的教师均为各自学科领域的佼佼者，大多数具有企业工作经验。学校课程设置颇具灵活性，使学生拥有较强的职业优势，并与当地工业界和其他行业保持紧密联系，实现了地方高校与企业的跨学科合作。

这些研究表明，国外高校在服务区域发展中采取了多样化的路径，涵盖从人才培养、科技创新到技术服务等多个方面，形成了一套较为成熟的理论和实践体系。

6. 地方高校服务区域发展的趋势及经验研究

与国内情况相似，美国地方高校在师资、学生、资金和设备等硬件方面，以及社会声誉等软件方面，无法与顶尖的研究型大学相提并论。因此，根据实际情况发挥自身特色成为美国地方高校发展的关键。圣荷西州立大学就是一个典型的例子。它位于硅谷的中心地带，因此将计算机科学和工程教育作为其发展的特色，并与硅谷的高科技公司建立了紧密的校企合作关系。此外，高校衍生的企业也对区域发展产生了积极影响。1980~2001 年，美国大学共孵化了 3870 家企业，其中 2001 年仍在运营的有 2514 家。这些衍生企业为社会提供了大量的就业机会。欧盟大学技术管理协会的数据显示，1980~1999 年，普通企业的员工人数平均为 3.8 人，而高校衍生企业的平均员工人数则高达 83 人①。值得注意的是，这些数据仅涵盖由高校

---

① Shane, S. A., *The Illusions of Entrepreneurship: The Costly Myths That Entrepreneurs, Investors, and Policy Makers Live By*, Yale University Press, 2008.

教师创立的企业，而由学生创立的企业数量占比更高。政府通过政策引导促进地方高校为区域发展服务。美国联邦政府在大学建设和学科发展方面扮演了关键角色：教育部门负责分配教育资金、开展教育研究等，并通过提供奖学金、调整税收政策等手段来推动高等教育发展。在长达一个多世纪的高等教育发展中，美国制定了 56 项相关法律，通过土地赠予、资金援助和支持等措施确保高等教育优先发展，并激励高校为地方经济社会发展做出贡献。

20 世纪初，美国和英国等发达资本主义国家出现了第一批现代意义上的智库，这代表着高等教育服务职能的新趋势。这些智库以美国罗素·赛奇基金会、市政研究局和布鲁金斯学会为代表，核心目标是促进经济社会发展，提高地方政府的运作效率。这些智库的研究资金主要来源于一些大型企业，包括历史上的卡内基、洛克菲勒和 J.P. 摩根等。在经历了全球经济大萧条之后，美国政府开始重视由理工科学家和社会学家联合进行的综合研究。第二次世界大战后，涌现出许多与政府签订合同的智库，如兰德公司。20 世纪 60 年代，保守派智库如传统基金会和卡托学会崭露头角。90 年代后，政治家支持的智库如卡特中心和尼克松和平与自由中心出现。智库的专题研究也逐步启动，例如保罗·迪克森（Paul Dickson）1971 年的著作首次系统介绍了美国智库的形成与发展。

自 20 世纪 90 年代以来，美英两国学者发表了一系列关于智库研究的论文和专著，他们运用历史研究方法，从多个角度探讨了智库的兴起和发展过程。在智库的实证研究领域，麦甘（McGann）、埃布尔森（Abelson）、里奇（Rich）等学者做出了开创性的工作。詹姆斯·G. 麦甘（James G. McGann）领导的研究团队首次采用定量分析方法，通过问卷调查收集智库的一手数据，并对七个美国智库的基本数据进行了分析①。唐纳德·E. 埃布尔森（Donald E. Abelson）在 2002 年创新了实证分析方法，他通过"观点被主要媒体引用的频率"和"出席国会听证会的次数"来定量评估不同智库的影响力②。安德鲁·里奇（Andrew Rich）在 2004 年首次采用回归分析方法来研究智库③。麦甘领导的研究小组在 2009 年和 2011 年发布的一系列智库调查报告在全球范围内产生了显著影响。该研究小组将智库分为五种类型：政策制定型智库、政党代言型智库、影子型智库、学者型智库、社会活动家型智库。多位学者采用国际比较研究方法进行了智库研究工作。

二 国内相关文献综述

尽管国内关于地方高校促进区域发展的研究起步较晚，但随着我国市场经济的日益成熟和高等教育的大众化发展，这一领域的研究已经取得了显著的进展。

1. 关于高校的社会服务职能的研究

随着我国社会主义制度的不断发展和完善，高等学校的社会服务职能得到了进一步明确和发展，其社会服务能力也

---

① McGann, J. G., "Think Tanks and the Transnationalization of Foreign Policy", *International Studies Review*, 2005, 7 (3): 255-275.

② Abelson, D. E., *Do Think Tanks Matter? Assessing the Impact of Public Policy Institutes*, McGill-Queen's University Press, 2002.

③ Rich, A, *Think Tanks, Public Policy, and the Politics of Expertise*, Cambridge: Cambridge University Press, 2004.

得到了相应的增强。近年来，我国在高等教育领域加大了投入力度，例如调整了招生政策、扩大了招生规模，并根据时代发展的要求提出了建设世界一流大学的宏伟目标。国家和地方高校都深刻认识到发展社会服务职能的重要性，并积极对地方高校的办学结构和地理布局进行了优化调整。同时，强调地方高校应以培养高素质人才为基础，以提升科研能力为保障，不断拓展社会服务的深度和广度，增强社会服务能力。

从历史上看，国内高校的社会服务职能经历了从无到有、从单一化向多元化的演变。自20世纪90年代起，我国高等教育逐步从"精英教育"向"大众化教育"过渡。随着科教兴国战略的推进，高等教育的基础性作用和优势愈发明显，其在经济社会发展的多个领域扮演着越来越重要的角色，与经济和社会的联系也日益紧密。同时，高校服务社会的范围不断扩大，服务内容也日益丰富。

近年来，如何完善地方高校的高等教育职能，以及如何为地方高校营造良好的成长环境，已经成为许多研究者所探索的焦点，这也为进一步提升地方高校社会服务能力提供了宝贵的经验。代表性研究包括：潘懋元的《高等学校的社会职能》（1986年）、徐辉的《试析现代高等学校的六项基本职能》（1993年）、朱国仁的《高等学校职能论》（1999年）等。此外，学者们还对高校职能与功能进行了深入探讨，如陈祖兴的《论高等学校职能与功能的关系——探讨高等教育学的基本理论问题》（1994年）、高耀明的《论高等教育功能与高等学校职能》（1996年）、梁德军的《高等学校社会职能与高等教育社会功能的概念和关系之辨析》（2002 年）、彭拥军的《高等教育功能研究的困惑》（2003 年）、章仁彪的《走出"象牙塔"之后：大学的功能与责任》（2005 年）、陈时见和甄丽娜的《美国高校社会服务的历史发展、主要形式与基本特征》（2006 年）、王旭东的《论地方高校社会服务职能的拓展》（2007 年）、张国强的《论高等教育功能的失调与调适》（2008 年）、董泽芳和张国强的《科学发展观与高等教育和谐发展》（2006 年）、缪建忠和邓生庆的《社会学视野下的教育功能分析——兼论高等教育的扩张》（2006 年）、单鹰的《高等教育原理论》（2008 年）、肖汉银的《浅析高校服务社会职能之历史演进》（2009 年）、王洪才的《大学"新三大职能"说的缘起与意蕴》（2010 年）、周廷勇和熊礼波的《西方大学使命的变迁及其历史效果》（2009 年）、张云霞的《教育功能的社会学研究》（2011 年）、王爱民的《大学社会职能的历史演变及启示》（2014 年）、郭平的《地方高校服务地方的使命、功能与推动策略》（2012 年）、吴淑芳和田伏虎的《地方高校服务区域经济社会发展的实践思考》（2010 年）、张胜利的《地方高校服务地方经济社会的"道"与"行"》（2011 年）、盛国军的《高校社会服务职能评价体系研究》（2012 年）、张永利和成福伟的《地方高校服务地方经济社会发展的现状与对策——以河北民族师范学院为例》（2013 年）、陈晓阳和姜峰的《地方高校服务区域经济发展的战略选择及实践》（2012 年）、秦惠民和解水青的《高职教育对现代大学功能变革的影响——基于国际视角的新制度学解读》（2014 年）、白宗颖和彭爱辉的《共生理论视域下的大学职能》（2014 年）、陈新亮的《地方高校增强服务社会职能研究》（2014 年）等。苏竣等

的研究指出，大学的知识创新、科技成果转化及科技产业发展
是政府、高校、企业和社会各界广泛关注的议题，在总结相关
研究成果的基础上，从理论和实证两个维度进行了深入研究，
并为我国大学知识创新及科技产业发展提出了具有针对性和战
略性的政策建议①。

在这些研究中，学者们主要探讨了高校的功能与职能，以
及二者之间的区别；同时，他们还对大学功能的类型和内涵进
行了系统整理，分析了大学功能的错位问题和大学使命的价
值。许多学者对地方高校服务地方经济社会发展的现状、必要
性以及可能采取的措施进行了阐述。在这一过程中，不少学者
还探讨了高校在经济社会发展中的经济职能。王军胜认为，大
学能够为区域经济建设提供人力资本支持，提供科技研发和科
技转化服务，提升区域创新能力，并有助于缓解当前大学生就
业难的问题，减少结构性失业和摩擦性失业②。

随着智库相关理论与实践的发展，高校的智库功能逐渐受
到重视。杨玉良指出，大学智库时代的到来拓展了大学的功
能，大学拥有多学科综合、学术研究与人才培养相结合、基础
研究与应用研究相结合以及国际化等多方面的优势，因此大学
应当发挥智库优势③。高振强的研究显示，地方高校具有服务
性、地方性、开放性和后发性等特征，地方高校在智库发展上

①　苏竣、何晋秋等：《大学与产业合作关系——中国大学知识创新及科技产业研
究》，中国人民大学出版社，2009。
②　王军胜：《创业型大学服务区域社会经济的路径探析》，《教育发展研究》2013 年
第 7 期。
③　杨玉良：《大学智库的使命》，《复旦学报》（社会科学版）2012 年第 1 期。

应采取差异化、本土化、多样化和品牌化策略①。王莉和吴文清探讨了地方大学成为地方政府决策咨询智库的可能性、理论依据和天然优势以及建设途径②。王海艳等认为，地方高校教育智库应加强专业化发展，利用不同学科专家的长期研究和大量数据积累，进行趋势性分析与研究③。涂成林和魏伟新提出，高校利用智库服务区域时，需要明确服务方向，理顺工作思路，进行制度设计，建立支撑平台，整合人才资源，并确立学科优势④。文少保在分析高校智库服务政府决策的现实难点时指出，国内尚未形成思想市场，导致供需脱节，高校智库内部管理体制封闭保守、开放程度较低，同时面临研究资金不足和成果转化缺乏经营理念等问题⑤。

国内关于地方高校社会服务职能的研究还有很多，例如学者刘兴友总结了河南科技学院近年来实施"科技兴校"战略的实践经验，确立了以应用研究为主、积极推进应用基础研究和应用技术开发及成果转化的"一主、两推进"科技工作思路，显著增强了服务社会的能力⑥。这些研究和经验对于丰富我国地方高校社会服务能力建设的相关基础理论具有重要意义，值

---

① 高振强：《地方高校智库的属性及其发展策略》，《高教发展与评估》2014 年第 3 期。

② 王莉、吴文清：《地方高校智库建设的逻辑分析——基于地方政府治理模式创新的探讨》，《清华大学教育研究》2013 年第 6 期。

③ 王海艳、曹丽英、邵喜武：《大数据时代下的地方高校教育智库建设研究》，《情报科学》2015 年第 6 期。

④ 涂成林、魏伟新：《高校智库服务地方政府决策的路径与对策——以广州大学广州发展研究院为例》，《广州大学学报》（社会科学版）2011 年第 12 期。

⑤ 文少保：《高校智库服务政府决策的逻辑起点、难点与策略——国家治理能力现代化的视角》，《中国高教研究》2015 年第 1 期。

⑥ 刘兴友：《主动适应，准确定位，提高地方高校服务社会能力——以河南科技学院为例》，《河南教育（中旬）》2010 年第 11 期。

得深入探讨和借鉴。

2. 高校服务区域发展的必要性

随着服务区域发展理念的提出，高校与区域发展的结合研究也兴起。有学者从高等教育国际化的视角探讨了地方高校社会服务的依据；也有学者分析了地方高校开展社会服务工作的重要性；还有学者提出，在知识经济时代，高校与社会的联系将更加广泛、直接和深入，高校将成为社会服务的重要基地。

谢秀英认为，随着市场经济特别是社会主义市场经济的健康发展，高等教育机构的地理位置或空间布局已从传统的集中式布局转变为更加市场化、社区化和本土化的服务导向。这种转型已成为当前高等教育适应市场经济发展的关键特征。进一步优化高等教育机构的空间布局，需要构建多样化的投资主体管理体系。在积极支持研究型大学的同时，应特别关注并支持职业技术大学等各类高等教育机构的发展，以更好地满足市场经济的需求[①]。程肇基指出，地方高校与区域经济共生发展，二者存在利益关系、依附关系。地方高校对区域经济的发展具有重要的支撑作用，区域经济发展为地方高校提供生存和发展的空间[②]。赵炳起从教育分层视角指出，在我国高等教育体系的层级结构中，地方高校通常位于较低层次。因此，地方高校若要实现发展，必须以地方社会需求为导向，重新调整其战略定位。其科学研究与人才培养活动应充分考虑地方发展的实际

---

① 谢秀英：《论市场化进程中高等学校的区位指向》，《陕西师范大学学报》（哲学社会科学版）1999 年第 4 期。

② 程肇基：《地方高校与区域经济共生发展的理论探索》，《教师教育研究》2013 年第 5 期。

需求，以此提升学校的核心竞争力①。黄水香则强调，服务社会是高等教育的基本职能之一，也是当前高校的重要责任和历史使命。缺乏社会基础的高校难以生存。地方高校作为扎根于地方的教育机构，其办学宗旨和治理原则均应以服务地方为核心，其根本特征在于其地方性。地方高校应依托地方的传统优势，促进其与区域经济社会发展的良性互动②。王旭东从办学定位层面分析了地方高校与部属院校的发展目标的差异，认为地方高校要体现地方特色，在人才培养和科学研究上必须适应地方需要，考虑地方发展情况③。郭连军从特色办学视角分析了在推进高等教育大众化进程中地方高校存在的办学模式交叉、相似甚至趋同现象，认为地方高校要采取区域化发展策略和执行地方化方针，充分发挥地方相对优势，在服务中彰显特色④。

3. 关于地方高校服务区域发展存在的问题和原因

地方高等教育机构在区域经济发展中扮演的角色本质上是推动该区域经济增长模式的深刻转型。尽管地方高校多年来一直致力于推动区域经济社会的发展，但其步伐往往难以与区域经济社会的快速发展相匹配，未能充分满足区域经济社会发展的需求，这在一定程度上削弱了地方高校对区域发展应有的贡献力度。多数学者认为，地方高校在服务区域发展方面面临三个主要挑战：首先是宏观政策层面的问题；其

---

① 赵炳起：《教育分层与地方高校的发展》，《教育评论》2007 年第 1 期。
② 黄水香：《地方高校服务区域经济社会发展的路径选择》，《黑龙江教育》（高教研究与评估）2017 年第 10 期。
③ 王旭东：《论地方高校社会服务职能的拓展》，《中国高教研究》2007 年第 8 期。
④ 郭连军：《地方普通高校发展的比较优势》，《辽宁教育研究》2005 年第 9 期。

次是地方高校自身的局限性；最后是地方政府方面的问题。

从宏观政策层面来看，存在体制性障碍。大多数地方高校在行政上隶属于省教育厅，其主要领导也完全受省教育厅的行政管理，但这些高校往往位于非中心城市的地方地市。地方高校的行政领导与地方政府的行政领导在行政级别上相当，但在人事和经济上却鲜有互动①。此外，一些学者认为，地方高校服务区域发展的关键障碍在于缺乏有效的沟通和合作机制。地方高校和地方政府各自独立运作，缺少一个共同的平台来促进双方的对接和合作。

从地方高校自身来看，地方高校在对外服务方面的观念较为保守，缺乏系统化的实践能力，这在很大程度上限制了它们推动区域经济发展的能力。与位于大城市和省会城市的高校相比，地方高校在办学指导思想、教育管理模式、办学理念以及服务区域发展的观念和实力上存在明显差距②。这种相对滞后的观念导致地方高校与科研、文化发展的前沿联系不够紧密，缺乏有效的沟通渠道，对区域经济的定位和趋势了解不够准确。由于地方高校主动服务区域发展的意识不强，高校管理者没有将社会服务提升到与教学科研同等重要的层次，也缺乏有效的政策导向和体制机制支撑。此外，地方高校的服务形式较为单一，整体服务质量不高③。还有一些学者指出，地方高校在学科团队和师资力量方面与国家重点高校相比存在较大差

---

① 冯东：《地方高校与政府协同发展的多重阻力与政策规制》，《现代教育管理》2016 年第 8 期。

② 程肇基：《地方高校服务区域经济建设研究——以江西为例》，博士学位论文，武汉大学，2015。

③ 段雪辉：《地方高校提升社会服务能力的路径探析》，《教育探索》2015 年第 9 期。

距，却仍集中于传统学科领域的竞争，缺乏挖掘特色优势领域的创新举措。

从地方政府来看，地方政府缺乏主动寻求地方高校智慧支持的意识。他们倾向于过分依赖名牌院校，选择将项目交给国家级高校和科研机构，而非地方高校，这往往导致项目与地方实际脱节，难以实现预期目标。同时，一些学者也注意到，地方高校具有较强的自主性，而地方政府则认为即使没有地方高校的参与，也能通过市场机制满足人才和科技需求，这种相互不依赖的心态使得双方的关系越来越疏远。

部分学者从不同的角度分析了地方高校服务区域发展不足的原因。虽然我国地方高校经过了多年的发展，但其服务地方的意识尚未真正确立。目前，许多地方高校仍然沿用传统的办学模式，如在人才培养方面追求研究生教育的发展，盲目扩大招生规模，而在学科建设上则追求大而全，忽略了自身特色的发展。同时，在科学研究上，学校过度关注论文数量和影响力，而教育行政部门和高校对教师社会服务方面的要求却很少，也没有将高校社会服务和贡献纳入评价指标体系。地方高校在服务区域发展方面的不足主要体现在两个方面：一是地方高校仍然将提升规模效益和办学层次放在首位，试图将办学能力一般的地方高校发展成为综合性大学；二是在科学研究上，地方高校过度关注理论性材料，注重课题申报和论文数量，而忽视了与地方经济社会发展的实际需求相结合，导致地方高校在服务区域方面出现种种不足。

创业教育有助于创造就业机会和推动经济增长，对建设创新型国家具有重要意义。然而，我国地方高校在创业教育方面

存在一些问题，如教育观念不明确、教育内容单一、缺乏多样
化的教育模式、缺乏特色以及缺乏完善的社会支持体系①。地
方高校的创业教育尚未与外部机构建立有效的互动机制，政府
在资金和政策上的支持也不够②。此外，一些学者还关注了地
方高校教师队伍的问题，认为其影响了学生的创新意识培养。
一方面，许多地方高校的教师缺乏实际工作经验，而且国家尚
未建立有效的人才流动机制，使得教师团队缺乏实践经验。另
一方面，教师的教学任务繁重，缺乏与行业企业建立联系的时
间和机会，导致双师型教师数量和比例偏低。张维梅和刘树忠
以长株潭"两型社会"试验区为案例进行分析，认为企业与高
校在价值观和理念上存在差异。企业主要追求的是利润最大
化，往往不愿意在科技研发上进行初期投资，也不愿承担相关
风险。此外，企业更倾向于以较低的成本购买已经成熟的技术
和设备，因而忽视了与地方高校在研发方面的合作③。

4. 关于地方高校服务区域发展的模式与路径

我国在地方高校服务区域发展的模式和机制方面的研究起
步比较晚。同时，受高校自身条件和所处地域等影响，高校社
会服务的模式和机制也会有所区别，呈现出多样化趋势④。学
者们根据不同的维度对大学的社会服务模式进行了分类。例

① 刘英娟：《"三螺旋"理论视角下地方高校创业人才培养模式研究》，《教育与职业》2013 年第 33 期。
② 王军胜：《创业型大学服务区域社会经济的路径探析》，《教育发展研究》2013 年第 7 期。
③ 张维梅、刘树忠：《长株潭区域高校协同发展现状与对策研究》，《怀化学院学报》2017 年第 3 期。
④ 吴鑫、张正义：《关于强化地方高等学校社会服务意识的思考》，《山西财经大学学报》（高等教育版）2005 年第 4 期。

如，依据服务覆盖的领域可以划分为专注单一领域的服务模式、涵盖多个领域的服务模式以及提供全面服务的模式。从技术服务的复杂性来看，可以区分为提供基础技术服务的模式、提供中等技术服务的模式和提供高端技术服务的模式。按照服务的地理范围，又可以划分为仅限本地服务的模式、本地及周边区域服务的模式、以本地区为基点向外辐射服务的模式，以及从本省出发向全国辐射服务的模式。这些分类强调了高校应根据自身的实际情况和优势，建立多元化的服务观念，并通过多种途径和形式开展社会服务。宋伟认为在传统的模式下，地方高校参与区域经济发展往往是教师与企业之间的自发合作，这种模式类似于个体经营，缺乏可持续性和系统性，难以充分发挥高校的整体实力。为此，他提出了一个"三级理想模型"，包括星状模型、网状模型和云状模型，这些模型旨在通过合作整合多所地方高校的资源，以更好地服务地方经济的发展[1]。徐同文从宏观、中观、微观三个层面以及外部和内部机制的角度探讨了区域大学社会服务的机制框架。他建议以区域大学为核心，以地市城区为中心，构建一个覆盖县乡的服务网络体系，并总结了区域大学与区域共同发展的基本方法和路径，为不同层次和类型的区域大学开展社会服务提供了宝贵的经验[2]。

在地方高校服务区域发展的路径研究方面，一是明确地方高校的办学定位，提升地方高校的服务意识。要使地方高校的科研创新能够切实推动地方经济的发展，必须从根本出发，改

---

① 宋伟：《地方院校参与区域经济可续发展的三级模型分析》，《科研管理》1997年第5期。
② 徐同文：《区域大学的使命》，教育科学出版社，2004，第220~230页。

变传统的思想观念，积极培养服务地方经济发展的意识，并从多个角度和层面为地方经济发展提供支持。地方高校需要构建与地方经济紧密结合的管理机制和运作模式，激励师生积极参与到服务地方经济发展的实践中去①。每所高校在发展过程中都拥有其独特的"生态位"，以及其生存和发展所必需的资源。地方高校要实现发展，必须精准定位自己的"生态位"，紧密结合当地的特色、支柱产业以及教育需求来开展办学活动②。也有学者从"新常态"出发，提出应该将解放和发展社会生产力作为供给侧结构性改革的核心任务，以促进供给结构与需求变化的匹配和对接。在这样的背景下，地方高校作为高等教育体系的重要组成部分，也必须明确自己的定位，确保其办学方向与区域经济的发展需求相一致。

二是地方高校要培养区域经济发展急需的优秀人才。地方高校在培养高水平、创新能力强、实践技能突出的人才方面扮演着关键角色。一方面，地方高校需要继续推进教育改革，创新管理和运行机制，加大在人才培养方面的投入力度。这包括采用多样化的教育方式、多层次的教育结构和多元化的教育模式建立大学生实习基地，以增强大学生的创新和实践能力，为地方经济的持续发展培养人才。另一方面，地方高校需要与政府合作，以解决办学过程中的资源问题，并建立由地方高校、政府和企业共同参与的合作办学模式，从而提高人才培养的针

---

① 马莉、俞世伟：《高校科研创新驱动力促进地方经济发展研究》，《宁夏社会科学》2016 年第 6 期。

② 寇尚乾：《转型发展背景下省属地方高校办学定位的再设计》，《教育与职业》2015 年第 29 期。

对性①。

三是促进地方高校科研有效服务区域经济发展。为了提升科研成果对地方经济发展的贡献，应更加重视科研成果的转化，并加强与企业的深度合作。特别是在校企人才交流方面，需要建立和完善交流机制。高校可以邀请企业中的杰出管理者或技术专家担任兼职教师，定期来校举办专题讲座，探讨市场面临的问题，帮助学生了解企业运营中的机遇与挑战。同时，企业也可以邀请具有创新能力的教师和学生参与企业的实际工作，深入生产一线，研究企业在发展过程中遇到的科研难题，并提供有针对性的解决方案。

四是加强地方高校、科研院所、企业协同创新。协同创新涉及高校、科研机构和企业这三个核心参与者。在这一过程中，地方高校的各学科教师之间，以及他们与科研院所和企业的员工之间，应围绕国家的重大战略需求、行业的核心技术问题以及实际生产中的重点问题，利用各自的优势进行合作，以期在科学研究和技术革新方面取得显著进展②。

五是形成有利于地方高校服务区域发展的长效机制。地方高校要有效地促进区域经济社会的发展，需要建立专门负责区域经济社会服务的机构，并在适当时机将这些服务活动纳入学校的整体规划中，同时对教师的服务职责进行明确的规范。此外，必须构建激励机制，将服务工作纳入评估体系，并根据专

---

① 王平：《地方高校服务区域经济文化发展的思考——以白城师范学院为例》，《吉林省教育学院学报》2017年第2期。
② 赵哲：《高校与企业、科研院所协同创新的现状与对策——以辽宁高校为例》，《现代教育管理》2013年第6期。

业和教学的具体情况开展多样化的服务活动，以培养学生的服
务意识和实践技能。地方高校应积极投身于区域经济建设，改
变传统的教育模式，调整教育结构与经济结构的关系，增加对
经济建设的直接参与，合理规划发展战略，并加快建立创新型
的教育体系，发展特色专业①。高校应推动科教兴农战略，建
立服务区域发展的长效机制，利用科研优势为区域发展提供科
技支持，并发挥文化传播和创新的作用，促进城乡文化的交流
与发展。

---

① 王楠、毛清华、冯斌：《地方高校服务区域经济的模式创新研究——基于燕山大
学的案例》，《生产力研究》2011 年第 3 期。

第一章 地方高校服务区域高质量
发展的理论基础

高等院校担负着培养高层次人才的重大历史使命。新中国成立后，党和国家为了加大对社会急需的各方面人才的培养力度，高度重视并不断发展高等教育事业，全国的高校数量不断增加，全国高校在校学生数量也呈现不断增长的趋势。特别是改革开放以来，我国高等教育事业更是取得了长足发展。进入21世纪，随着知识经济时代的到来以及经济全球化的快速发展，面对中华民族伟大复兴的战略全局，地方高校在全国高等教育体系乃至在国家和地方经济社会发展中，扮演着越来越重要的角色。

第一节 相关概念的界定

一 地方高校的概念和特征

新中国成立后的很长一段时期，我国高等教育机构的管理模式在很大程度上受到苏联模式的影响，形成了以中央部委直属高校和地方高校为主的"二元"管理体系。改革开放以来，随着职业院校和民办高校的迅速崛起，我国的高等教育逐渐演变为由中央部委直属高校、地方高校以及民办高校构成的"三元"结构。其中，数量众多、分布广泛、在校生在全国高等教育体系中占比最大的地方高校，已成为我国高等教育特别是本科及研究生教育的主体，引起了教育界、理论界以及社会各界的广泛关注。因此，非常有必要从多个维度对地方高校进行全面而深刻的认识。

1. 地方高校的概念

新中国成立以来，关于高等教育的类型出现过多种表述。不同学者对地方高校的界定存在差异。一些学者将地方高校定义为由地方政府主导投资、建设和管理，以服务区域经济社会发展为目标的高等教育机构。也有一些学者则认为地方高校是指由省级人民政府领导、设在地级市并由省市共同出资建立的普通本科院校。还有一些学者将地方高校视为省（区、市）直属高校和省辖市（地、州）直属高校。也有学者认为地方高校特指设在地级市、由地级市政府资助和管理、主要服务于本地市的普通高校。此外，还有学者认为地方高校为位于地级市的高等教育机构。

本书认为，地方高校是指由地方政府管理、为地方培养人才的高等院校，包括地方综合大学、专业性大学、专科学院和高等职业学院等。从广义的视角来看，地方高校可以被理解为区域性、地方性的高等教育机构。它们扎根于特定的地理区域，服务于当地经济社会发展，在人才培养、科学研究、社会服务等方面发挥着不可替代的作用。这种泛化的理解突出了地方高校的区域属性和服务导向，但难以全面反映其在我国高等教育版图中的独特地位。与之相对，狭义的地方高校概念则主要指省属地方本科高校。与"211工程""985工程"等重点建设的高校相区别，这类高校通常由各省、自治区、直辖市负责管理和投资，以培养地方经济社会发展急需的应用型人才为主要目标。它们虽然在办学层次、学科实力等方面难以与部属重点高校相提并论，但在服务地方产业发展、推动区域创新等方面却具有得天独厚的优势。这种理解虽然凸显了地方高校的某些特征，但显然无法涵盖其多样化的内涵。

事实上，地方高校已经成为一个内涵丰富、外延宽广的概念。从办学层次来看，地方高校不仅包括本科院校，还涵盖高职高专、独立学院等类型。教育部数据显示，2020年，全国共有普通高校2738所。其中，本科院校1270所（含本科层次职业学校21所）；高职（专科）院校1468所[①]。从区域分布来看，地方高校遍布祖国大江南北，在中西部欠发达地区尤为密集。它们立足区域实际，发挥自身优势，为当地经济社会发展源源不断地输送各类人才。从学科专业来看，地方高校并不局限于单一的应用型学科，而是涵盖理学、工学、农学、医学、文学、历史学、法学、教育学、管理学等多个门类。许多地方高校还根据区域产业特点设置了大量紧缺专业和特色专业，在服务地方经济社会发展中形成了自己的品牌和优势。

地方高校数量众多，在校生规模庞大，是我国培养高层次

---

① 《2020年全国教育事业统计主要结果》，教育部网站，http://www.moe.gov.cn/jyb_xwfb/gzdt_gzdt/s5987/202103/t20210301_516062.html。

人才的主力军。教育部数据显示，各种形式的高等教育在学总规模为 4183 万人，其中地方高校在校生占比超过 90%[①]。地方高校分布广泛，区位优势明显，是服务地方经济社会发展的重要阵地。它们主动对接区域发展需求，培养了大量应用型、复合型人才，有力地支撑了区域产业升级和经济结构调整。同时，许多地方高校还充分发挥自身的学科优势和科研优势，积极开展产学研合作，为区域创新驱动发展注入了强大动力。

2. 地方高校的特征

在高等教育步入"大众化"的背景下，地方高校成为高等教育体系的骨干力量，并在很大程度上代表了我国高等教育的整体发展水平。潘懋元提出，地方本科院校的办学情况复杂，实力差异显著，办学层次高低不一，其中既有历史悠久的老牌大学或学院，也有新成立的本科院校。有的长期受到传统大学的影响，偏重理论学术而忽视应用实践；有的则刚刚从专科院校升级为本科院校，原有的办学模式已不再适应本科教育的需求，而新的模式还在建立之中[②]。

从生态学的视角审视，地方高校在高等教育体系中占据了独特的"生态位"。基于这种独特性，地方性、应用性和服务性成为地方高校最显著的特征。地方高校的发展应深植于地方土壤，与区域经济结构紧密相连，彰显其特色，利用其优势，对区域经济社会的动态变化做出快速响应，以实现与区域的协同发展。

---

① 《2020 年全国教育事业统计主要结果》，教育部网站，http://www.moe.gov.cn/jyb_xwfb/gzdt_gzdt/s5987/202103/t20210301_516062.html。

② 潘懋元：《做强地方本科院校 建设高等教育强国》，《井冈山大学学报》（社会科学版）2010 年第 1 期。

（1）地方性

地方高校的最显著特征是地方性。它们通常位于特定的地级市或县级市，与当地的经济、文化、社会发展紧密相连。这种地方性使得地方高校能够更好地了解和响应地方发展的需求，从而在人才培养、科学研究、社会服务等方面具有鲜明的地域特色。首先，随着城镇化的推进和区域经济的迅猛增长，对高等教育的需求，尤其是与地方经济结构相匹配的专业人才的需求不断上升。为此，地方高校需与区域经济和产业结构相融合，根据具体情况，强调其地域特色。其次，在市场机制下，资源配置体系要求地方高校提供多元化的人才资源，以适应当地就业市场的需求。最后，高等教育与经济增长之间存在显著的正相关关系，区域经济发展的水平决定了地方高校的发展模式。在知识经济时代，产业结构的创新性调整要求地方高校在学科、专业和课程设置上必须做出相应的改变。地方高校的"地方性"意味着其必须承担起为区域经济、教育和社会事业发展提供人才和智力支持的责任，从学科结构、人才培养的层次和类型、人才培养的质量和规格等方面出发，解决区域经济社会发展中的关键科技、管理、政策等问题。

（2）应用性

与国家部委直属的高水平大学以培育学术型、研究型、精英型人才为主导的定位不同，地方高校由于其生源质量、服务面向和地方需求等因素，多数以培养应用型专业人才为主要目标，因此在教育教学实践中形成了以专业应用教育为主导的特色。地方高校的地方性与应用性具有同一性，体现在服务区域经济建设上。一方面，区域经济建设需要多样化的人才，不仅包括高层管理人才,还涵盖中级技术人才和实用型人才。因此,地方高校需要紧跟区域社会发展和产业实践需求,培育能够适应区域经济发展的实用型人才。地方高校的人才培养目标应当基于区域经济建设对人才的知识、能力和技能需求来设定,同时在专业方向、服务领域和人才类型上与本地区的实际需求相契合,凸显出人才培养的地方性和实用性。换言之,地方高校的基础教育和专业设置应专注培育实用型人才,以满足一线生产和社会实践的需求。另一方面,地方高校肩负着为区域经济建设培养大批应用型人才的使命,其核心工作自然要聚焦于教学,并通过教学推动科研,再以科研成果反哺教学,形成教学与科研相互激励、相互提升的良性循环。为此,地方高校需要将人才培养与区域经济发展的实际需求紧密结合,以应用型研究为主导,通过科研活动推动学科发展。从本质上说,强调科学研究的目的是提升教育质量和服务水平,但与教学活动相比,科研的影响往往更长远、更间接。我们的最终目标应该是实现教学与科研的协调发展,而不是偏重一方,甚至让二者形成对立。

(3)服务性

服务是教育的本质属性。由于地方高校自身的特点,其社会服务的职能得以凸显。这也是地方高校服务区域发展的理论支持。在地方高校的办学实践中,如果忽视了社会服务的核心使命,那么地方高校就会与区域社会的实际需求脱节。尽管地方高校因地理位置或基础条件的差异而面临不同的挑战,但它们在教育环境和就业趋势上面临着相似的现实。与国家部委直属高校相比,地方高校普遍面临人才短缺、资金紧张、师生比例失衡、基础设施薄弱等问题。解决这些问题的关键方法就是：依托地方，服务区域经济。地方高校在寻求生存和发展的过程中，应该将区域经济建设作为主要的突破口，真正地融入区域经济建设的实践中去。

二 高校社会服务

1. 高校社会服务的含义

高校社会服务的含义可从广义和狭义两个层面进行理解。广义上的高校社会服务是指，"高等教育机构基于国家设立高等教育的目标和宗旨，利用其功能、能力和资源，在办学实践中积极满足社会对高等教育的多元化需求的过程"[1]。而狭义上的高校社会服务则是指，"在确保正常进行人才培养和科学研究的基础上，高校利用其教学、科研、人才和知识等优势资源，向外界提供直接的、服务性的、有助于促进经济和社会发展的活动，这些活动具有社会指向性、直接现实性、学术性、发展性、服务的有限性等基本特征"[2]。从高校社会服务的内涵可以看出，高校社会服务的内容是多维度的，其实现方式也是多样化的，且与社会的发展紧密相连，二者不可分离。高校与社会之间存在相互依赖、相互促进的关系，这种关系使得它们的合作具有互融性。这种互融性表现为：高校与社会的发展不是孤立的，而是相互交织的，高校通过提供多样化的服务来履行其高等教育职能，服务于社会建设与发展；同时，社会也通

---

[1] 徐同文：《区域大学的使命》，教育科学出版社，2004。
[2] 睦依凡、汤谦凡：《我国高校社会服务30年发展实践研究》，《中国高教研究》2008年第11期。

过政策支持、资金投入等方式为高校的发展提供帮助。

2. 高校社会服务的内在特性

（1）直接性

社会服务作为高等教育的后发功能，最初是高校在回应社会现实需求时，自发开展的人才培养和科研活动。随着社会的发展，高校与社会的联系日益紧密，这些活动逐渐从自发行为转变为有意识的行为，最终形成了与人才培养和科学研究并列的第三大功能。正如爱因斯坦所言，"教育的最高目标是服务于社会，同时培养具有独立思考和行动能力的个体"。高校的使命在于服务社会，其中人才培养和科学研究是间接服务社会，为未来做准备；而社会服务则是直接服务社会，满足当下的需求。人才培养和科学研究为高校开展社会服务提供了基础，同时，社会服务的开展也为人才培养和科学研究带来了社会支持和资源。判断高校的人才培养和科学研究是否属于社会服务功能，关键在于这些活动是否具有直接的社会效应，是否直接满足了现实社会的需求。那些纯粹为了履行高校人才培养和科研职能的活动，并不具备直接服务社会的特性。

（2）效益性

高校无论是在经济、政治还是文化层面服务于社会，其根本目的均在于推动自身的成长与发展。通过输出自身的资源或对知识的再加工，为经济发展提供助力，以此换取高校发展所需的社会支持和其他资源。正如亚当·斯密所指出的，"个人追求自身利益的行为，往往比其直接出于利他目的的行为更能促进社会的整体利益"。只有这种基于"自利"的利他行为，才能成为高校社会服务持续发展的内在动力。在服务社会的多个领域中，高校的服务可能是有偿的，也可能是无偿的。在有偿服务中，高校获得经济收益，其社会服务活动转变为市场交易的一部分，受到市场规则的制约，工具理性成为高校社会服务的驱动力和导向。而在文化领域，高校主动提供有偿或无偿的服务，这些服务渗透到公共领域，不仅提升了高校的品牌影响力，也为高校赢得了广泛的社会支持，具有显著的社会效益，使高校的社会服务成为具有社会价值的"社会产品"。"如果高校回归到'经院式'的教育模式，那就等于否定了高校的社会功利性作用，放弃了高校服务社会的功能，这对高校的发展极为不利，也是不切实际的。"[①] 高校的社会服务并非对公众"道德绑架"的被动回应，也不仅是对社会期望的简单反应，更是高校基于自身发展需要的主动选择。

（3）开放性

高校的社会服务功能源于高校与社会之间日益紧密的联系，随着高校逐渐成为社会中心的一部分，以及其自我开放程度的不断提高，这一功能得以形成并日趋完善。高校社会服务的开放性不仅体现在高校与社会联系的领域和范围上，也体现在同一领域内互动的复杂性和深度上。除了长期与私营部门在科技创新方面合作，高校在现代公共领域的构建和维护中也扮演着越来越关键的角色。虽然我国高校传统上由政府主办，被视作政府的延伸，但随着政府职能的逐步完善和政府管理能力的提高，以及高校自身的成熟，政府与高校的关系正朝着更加平等的方向发展，双方在更广泛的领域内以多元化的合作方式

---

① 杨德广：《试论现代大学的性质和功能》，《高等教育研究》2001 年第 1 期。

进行互动。一方面，高校在公共领域的活跃参与，开辟了更广阔的公共对话空间，创造了更多的公共利益；另一方面，高校与政府的合作已经扩展到公共政策、文化、创新能力、公共卫生、就业服务和环境等多个公共事务领域，实现了更高层次的对话。现代政府与高校之间的互动方式，以及高校在公共领域日益活跃的表现，为高校的社会服务功能赋予了开放性的特征。

（4）有限性

高校利用其独特的优势为社会提供服务，这些优势同时也决定了服务存在一定的局限性。高校的教育和文化资源以及教学和科研技能，在特定条件或环境下可以转化为市场所需的服务。高校的社会服务职能既遵循组织自身的特性，也受到资源属性的限制，这为高校参与市场交易和促进经济社会发展提供了可能。高校凭借其文化特性与社会文化互动，搭建了文化交流的桥梁；同时，依托教育行业特性为社会提供辅助性教育服务；此外，还利用科研机构特性为市场参与者提供技术服务。因此，由于高校组织的定位和优势资源的有限性，高校提供的社会服务也存在一定的局限性。

（5）多样性

高校复杂的社会关系导致了需求的多样性，高校的社会服务也表现出多样性。高校的社会服务已经扩展到政治、经济、文化、科技和教育等多个领域。不同类型或层次的高校根据自身条件向社会提供了内容丰富、形式多样的服务，并在具有区域性和普遍性意义的领域进行研究。

三 高质量发展

党的十九大报告首次提出高质量发展的概念。"我国经济已由高速增长阶段转向高质量发展阶段，正处在转变发展方式、优化经济结构、转换增长动力的攻关期，建设现代化经济体系是跨越关口的迫切要求和我国发展的战略目标。必须坚持质量第一、效益优先，以供给侧结构性改革为主线，推动经济发展质量变革、效率变革、动力变革，提高全要素生产率，着力加快建设实体经济、科技创新、现代金融、人力资源协同发展的产业体系，着力构建市场机制有效、微观主体有活力、宏观调控有度的经济体制，不断增强我国经济创新力和竞争力。"① 随后高质量发展成为中国学术研究中的高频词语并逐渐被引入其他领域。区域高质量发展是中国特色社会主义进入新时代、新阶段的战略性要求。

1. 区域经济高质量发展的内涵

虽然各个学科对于"区域"的理解不同，但都具有两点共性：一是区域内某组事物的同类性和联系性，同类性和联系性随着区域大小变化，并且区域里面的同类性和联系性总是大于区域外；二是区域内事物的空间连续性，具体表现为在权利延伸上的连续性和经济活动的连续性。区域经济是一个系统的概念，属于宏观经济和微观经济之间的中观经济。它是以不同等级的地域单元为基础，在特定区域内经济活动、社会活动及其相互关系的总和。特定区域应当依靠自身独有

---

① 习近平：《决胜全面建成小康社会 夺取新时代中国特色社会主义伟大胜利》，《人民日报》2017 年 10 月 28 日，第 5 版。

的资源与地理生态条件来发展经济。地方高校应当为区域发展提供所需的智力支持，这是地方高校与区域发展的契合点。

党的十九大以来，学术界陆续有学者对经济高质量发展这一主题进行学术探讨，并形成了许多相关成果。中国的经济研究已经从过去注重"量"的发展转向现在强调"质"的提升。从现有的研究文献来看，国外关于经济高质量发展的研究相对较少，但针对经济增长质量的文章较多。经济发展作为全球发展的核心议题，一直是世界各国关注的重点，更是各国经济学家持续关注的研究领域。之前关于经济发展或者经济增长的研究侧重"数量"，而当前学者主要聚焦于"质量"，比如经济高质量发展的评价体系、测度方法以及路径研究。

学术界对于经济高质量发展的关注可以追溯到 18 世纪末期，当时英国经济学家亚当·斯密在其著作《国富论》中首次提出，提升劳动生产率是推动经济发展的核心。在此观点的基础上，众多学者从分工和贸易等多个角度广泛地探讨了如何提高经济效率。直到 20 世纪 80 年代，苏联经济学家卡玛耶夫首次明确提出了"经济增长质量"这一概念。自此，学术界陆续发表了众多研究报告。比如，罗伯特·巴罗（Robert J. Barro）在 2002 年提出，经济增长的质量不仅受居民的预期寿命、收入分配和选举权利等社会和政治因素的影响，甚至宗教因素也在其中扮演着重要角色[①]。2012 年，任保平强调经济增长不仅要关注数量和速度的增长，更应关注增长的质量和过程，以及其对未来的影响。不能简单以产量总值"论英雄"，应以新时

---

① Barro, R. J., "Quantity and Quality of Economic Growth", Working Papers of Central Bank of Chile, 2002, 2.

代全面建设社会主义现代化国家作为增长目标，着力解决新时代社会主要矛盾和我国社会主要矛盾中的"不平衡"问题[①]。经济高质量发展旨在实现对人民日益增长的美好生活需要的有效供给，转变经济增长方式，不单纯追求经济的总量和增长速度，而是更关注经济的效率和结构[②]，其本质是以满足人民日益增长的美好生活需要为目标的高效率、公平和绿色可持续的发展[③]。

2. 高质量发展的基本特征

高质量发展体现了新发展理念[④]的全面性，其中创新是引领发展的第一动力，协调是持续健康发展的内在要求，绿色是永续发展的必要条件和人民对美好生活追求的重要体现，开放是国家繁荣发展的必由之路，共享是中国特色社会主义的本质要求。这一定义明确了高质量发展的基本维度和核心要素，是学术界对此概念的主流阐释。然而，基于此定义深入探究高质量发展的具体评价指标时，学者们可能会面临如何精确表征的挑战，因此需要进一步细化这一概念。

高质量发展是兼顾质量和效率的发展，注重提升产出投入比和经济效益。与单纯追求数量扩张的高速增长模式不同，高质量发展旨在实现数量增长与质量提升的和谐统一。为了实现高质量发展，必须将以往的外延式、粗放型增长模式转变为内

---

① 龚六堂：《高质量的经济增长以什么"论英雄"》，《人民论坛》2017 年第 36 期。
② 安树伟、李瑞鹏：《高质量发展背景下东北振兴的战略选择》，《改革》2018 年第 7 期。
③ 张军扩、侯永志、刘培林等：《高质量发展的目标要求和战略路径》，《管理世界》2019 年第 7 期。
④ 新发展理念：创新、协调、绿色、开放、共享。

涵式、集约型增长模式，这与党的十九大报告中提出的发展理念相吻合。

高质量发展不仅强调规模和速度，还注重结构的合理性、产出效率的提升和可持续发展，以及成果的可分享性和安全性。同时，它集中体现了发展的稳定性、持续性、创新性和共享性等综合特征。

高质量发展以满足社会公众对美好生活的向往为最终落脚点，着力解决发展过程中的各种矛盾，如发展不平衡、资源环境约束、投入产出不合理、供需不匹配、竞争力不足等。

高质量发展以创新为动力，以供给侧结构性改革为核心手段，致力于解决当前经济社会面临的主要问题。当前，高质量发展需要解决的主要问题包括产出效率低和供需不平衡，这些问题本质上是结构性的。因此，只有通过政策、机制和技术的创新，才能使供给侧结构性改革和全要素生产率提升等更有效地适应需求变化，推动经济向更高效率、更高质量和更均衡的方向发展。

高质量发展不仅涵盖"五位一体"的发展新理念，还涉及宏观、产业、企业和民众等多个层面，旨在解决各层面和各层级的"不平衡、不充分"问题。从全社会的角度来看，高质量发展不仅强调经济的高质量，还要考虑其与社会、生态等其他方面的高质量发展之间的联系，既要追求经济效益，又要确保社会公众利益，特别是国家利益的实现。

综上所述，高质量发展是一种适应当前内外部环境变化的全新发展理念和发展模式。它基于新发展理念，坚持"质量第一、效益优先"的原则，以科技创新为根本驱动力，以满足社会公众对美好生活的向往为目标，以实现经济、社会、生态等多维度和多层次的增长与提升为整体战略布局。高质量发展不仅强调发展方式的转变，更注重发展成果的共享。

第二节　地方高校在区域高质量发展中的作用

一　地方高校引领区域创新

1. 地方高校是区域创新的主体

作为知识创新和技术创新的重要源泉，地方高校肩负着服务区域发展、引领产业升级的重要使命。通过开展科学研究、技术开发、成果转化等活动，地方高校为区域创新提供了强大的智力支持和人才保障。

从知识创新的角度来看，地方高校拥有雄厚的科研实力和丰富的智力资源，是开展基础研究和应用研究的重要基地。高校科研人员凭借深厚的理论功底和前沿的学术视野，在各自领域开展了大量富有创新性的研究工作，取得了一大批具有重要学术价值和应用前景的科研成果。这些原创性的科研成果不仅丰富了学科理论，更为区域产业发展提供了源源不断的创新源泉。同时，地方高校还积极搭建产学研合作平台，与地方政府、企业建立紧密联系，促进科研成果向现实生产力转化，推动区域产业结构优化升级。

从技术创新的角度来看，地方高校是先进技术和高新产业的孵化器。高校科研团队立足区域产业需求、瞄准关键核心技术开展应用性、实用性强的技术攻关和产品研发工作，为区域经济发展提供了强大的科技支撑。许多高新技术企业正是在高校科技园区或孵化基地诞生并成长起来的。这些高新技术企业不仅带动了相关产业的技术进步，更成为引领区域经济发展的新兴增长点。可以说，没有地方高校在技术创新方面的积极探索和重要贡献，区域产业的转型升级就难以实现。

此外，地方高校还是培养创新人才的摇篮。高校通过深化教育教学改革，优化专业设置，改进人才培养模式，为区域经济社会发展源源不断地输送高素质创新人才。这些具有创新意识和创新能力的高校毕业生，无论是就业于当地企业，还是自主创业，都为区域注入了创新的活力，成为推动区域创新发展的生力军。同时，高校还积极开展创新创业教育，鼓励大学生将创意转化为现实，为区域培育更多极具创新潜力的青年企业家。

地方高校作为人才、科技、产业高度融合的创新平台，在区域创新驱动发展中扮演着关键角色。面对新一轮科技革命和产业变革，地方高校唯有进一步深化产教融合，加强协同创新，在服务区域发展中彰显使命担当，才能不断增强内生动力，在推动区域高质量发展的进程中实现自身的创新发展。这既是地方高校的历史责任，也是时代赋予高校的光荣使命。

作为区域创新体系的核心要素，地方高校必须立足服务区域经济社会发展大局，发挥多学科交叉融合的优势，主动对接区域创新需求，为实施创新驱动发展战略贡献力量。在这一过程中，还需要政府、企业等多方积极参与，共同营造有利于创新的生态环境，构建"政产学研用"协同创新的良性互动机制。只有形成区域创新发展的强大合力，地方高校所蕴藏的创新潜能才能充分释放，成为引领区域创新的中坚力量。

2. 地方高校是区域创新的资源整合者

一方面，地方高校拥有雄厚的师资力量、先进的科研设施和丰富的知识积累，是区域内创新人才、创新技术和创新成果的重要源泉。另一方面，地方高校与区域内企业、科研机构、政府部门等主体广泛开展合作，通过协同创新机制将各方优势资源进行整合，形成了区域创新发展的强大合力。

具体而言，地方高校可以通过多种途径整合区域创新资源。首先，地方高校可以发挥人才培养优势，与区域内企业联合开展订单式培养、现代学徒制培养等，培养契合区域产业发展需求的应用型人才。这不仅能够为企业输送优质的创新人才，也有利于推动高校人才培养模式的创新。其次，地方高校可以发挥科技创新优势，面向区域经济社会发展的重大需求，组织跨学科、跨领域的科研团队，开展关键核心技术攻关，推动科技成果在区域内的转移转化和产业化应用。最后，地方高校还可以发挥智库咨询优势，积极参与区域重大战略、规划、政策的制定，为区域创新发展把脉问诊、建言献策。

地方高校在整合区域创新资源的过程中，应把握以下原则：一是坚持需求导向，紧扣区域经济社会发展的重大需求，找准服务区域发展的切入点和突破口；二是坚持开放合作，努力构建产学研用协同创新的生态体系，推动高校与区域创新主体深度融合；三是注重机制创新，探索建立利益共享、风险共担的合作机制，调动各方主体参与协同创新的积极性；四是注重绩效评价，建立科学的绩效评价体系，将服务区域发展的成效作为考核高校工作的重要指标。

3. 地方高校是区域创新人才的供给者

高质量的创新人才是推动区域经济社会发展的关键，也是提升区域竞争力的核心要素。地方高校必须立足区域发展需求，发挥自身优势，不断深化人才培养模式改革，为区域输送更多高素质创新人才。

从知识传授的角度来看，地方高校要加强创新创业教育，更新教学内容，优化课程体系。一方面，要将创新创业教育贯穿人才培养全过程，开设创新思维训练、创业基础知识等相关课程，帮助学生掌握创新创业的基本方法和技能。另一方面，要深度挖掘各学科专业的创新创业教育资源，充实创新创业教育的课程内容。通过项目化教学、案例分析等方式，培养学生发现问题、分析问题、解决问题的能力，激发其创新创业潜能。

从能力培养的角度来看，地方高校要搭建多元化创新实践平台，为学生提供丰富的创新实践机会。学校可以建立大学生创新创业中心，鼓励学生成立创新创业社团，定期开展创新创业大赛、创客马拉松等活动。同时，还要加强与地方政府、行业企业的合作，共建产学研用创新创业实践基地，为学生提供实习实践、项目研发等锻炼机会。在创新实践中，学生可以将所学知识转化为创新成果，提升动手能力和创新能力。

从师资队伍建设的角度来看，地方高校要加强"双师型"教师队伍建设，提升教师创新创业教育的意识和能力。学校应制定相关政策，鼓励教师深入一线、服务地方，参与技术研发、成果转化等工作，提升实践能力和创新能力。同时，还要加大高层次创新创业人才的引进力度，聘请行业专家、创业成功人士担任兼职教师，为学生传授宝贵的创业经验和实践技能。"双师型"教师队伍的建设，有利于推动创新创业教育与专业教育的深度融合，为培养创新型人才提供有力支撑。

从创新创业文化氛围营造的角度来看，地方高校要大力弘扬创新创业文化，营造有利于创新创业人才成长的环境。学校要加强创新创业文化宣传教育，开展创新创业讲座、创业沙龙等活动，邀请创业成功人士分享经验，激发学生的创业热情。同时，还要完善创新创业扶持政策，在场地、资金等方面给予支持，为学生创新创业提供便利条件。在浓厚的创新创业文化氛围中，学生能够树立创新意识、培养创业精神，为未来成长为优秀的创新创业人才奠定基础。

地方高校作为区域创新人才供给的主力军，必须以服务区域发展为己任，致力于培养更多高素质创新人才。这就要求地方高校加强创新创业教育、搭建多元化创新实践平台、加强"双师型"教师队伍建设、大力弘扬创新创业文化，多措并举提升人才培养质量。只有不断深化人才培养模式改革，打造特色鲜明的创新创业教育体系，地方高校才能更好地满足区域发展对创新人才的需求，为推动区域高质量发展贡献力量。

二 地方高校是区域发展的智库

1. 地方高校为区域发展提供政策咨询与建议

地方高校凭借其雄厚的人才资源、先进的科研设施和广泛的社会影响力，为地方政府的决策提供强有力的智力支持。一方面，地方高校通过开展前瞻性、针对性的政策研究，为地方经济社会发展把脉问诊，提出科学合理的政策建议。地方高校教师能够凭借其专业知识和理论素养，从宏观和微观层面分析区域发展面临的机遇和挑战，预判未来发展趋势，为地方政府制定中长期发展规划提供重要参考。同时，地方高校还积极开展区域发展战略、产业政策、民生工程等方面的专题研究，深入调查区域经济运行状况，准确把握群众诉求，为政府决策提供翔实的第一手资料和科学的理论依据。

另一方面，地方高校充分发挥其综合优势，搭建政产学研用协同创新平台，为政府决策提供多元化的咨询服务。地方高校通过与地方政府、行业企业、科研院所等建立紧密合作关系，组织开展联合攻关、成果转化、人才培养等工作，形成了多主体参与、多要素融合的协同创新格局。在此基础上，地方高校积极整合校内外资源，组建高水平的智库团队，开展全方位、多层次的决策咨询服务。一些地方高校还专门成立了区域发展研究院、政策研究中心等机构，为地方政府提供及时、权威的咨询报告和政策建议，有力支撑了科学民主决策。

此外，地方高校还注重发挥其公共平台功能，为政府决策提供坚实的民意基础。地方高校拥有广泛而深厚的群众基础，校园活动影响广泛，具有较强的社会号召力，因此可以通过举办论坛讲座、组织专家座谈等方式，广泛吸纳社会各界对区域发展的意见建议，凝聚民智、汇集民意。同时，地方高校还可以利用自身的学术优势和传播渠道，加强政策宣传和解读工作，引导社会舆论，营造有利于政策落实的良好氛围。一些地方高校还搭建了线上线下相结合的政民互动平台，及时收集和反映群众诉求，畅通了民意表达渠道，为政府决策提供了有效的信息反馈机制。

2. 地方高校为区域发展提供决策支持

地方高校拥有雄厚的智力资源和较强的专业优势，能够为地方政府制定区域发展战略、规划和政策提供全面、客观、科学的决策支持。同时，地方高校还可以通过对区域经济社会发展状况的跟踪监测和评估，为地方政府优化调整政策措施提供依据和参考。

具体而言，地方高校可以充分发挥自身在基础研究、应用研究、技术开发等方面的优势，围绕区域发展中的重大战略问题、关键领域和前沿方向开展深入研究，形成高质量的咨询报告、政策建议，为地方政府决策提供强有力的理论支撑和智力支持。例如，在制定区域产业发展规划时，地方高校可以深入分析区域的资源禀赋、产业基础、市场需求等因素，科学评估不同产业发展路径的可行性和效益，提出有针对性的产业选择和布局建议，助力地方政府做出正确决策。

地方高校还可以发挥自身的第三方评估优势，客观、公正地评判区域发展政策的实施效果和存在的问题。一方面，地方高校可以运用经济学、管理学、社会学等多学科知识，采用定量分析与定性研究相结合的方法，全面评估区域发展政策的经济效益、社会效应和生态影响，分析政策实施中的成效和不足。另一方面，地方高校可以充分吸收利益相关方的意见建议，平衡不同群体的利益诉求，提出优化完善政策的合理化建议，为地方政府持续优化区域发展政策提供科学依据。

此外，地方高校还可以发挥人才培养和社会服务功能，为地方政府决策提供人才和智力保障。一方面，地方高校可以根据区域发展需求，培养一批具有现代经济社会发展所需知识和能力的高素质人才，为地方政府输送优秀的决策管理人才。另一方面，地方高校可以主动对接地方政府决策部门，建立"智库"平台，为决策者提供多领域、多层次的决策咨询服务，提升地方政府科学民主决策水平。

当然，地方高校在参与区域发展决策时，还需注重加强与政府、企业、社会组织的协同配合，建立常态化、制度化的合作机制。通过搭建产学研用协同创新平台，整合各方资源和力量，形成推动区域高质量发展的强大合力。同时，地方高校还应强化成果转化和应用推广，加快科技成果向现实生产力转化，推动高校创新资源有效溢出，不断提升服务区域高质量发展的实际贡献度。

3. 地方高校为区域发展提供理论指导和实践参考

地方高校拥有一大批精通政策研究的专家学者，他们能够运用专业知识和研究方法，深入解读区域发展政策的背景、内涵和意义，为政策的贯彻落实提供理论指导和实践参考。同时，地方高校还是连接政府与社会的重要纽带，通过举办政策宣讲会、培训班等形式，地方高校能够有效传播区域发展政策，提高社会各界对政策的认知度和支持度，营造有利于政策落地的良好氛围。

具体而言，地方高校在区域政策宣传与解读中的作用主要体现在以下几个方面。

首先，地方高校是政策宣传的重要阵地。地方高校拥有丰富的教育资源和传播渠道，如课堂教学、学术讲座、社会实践等，可以将区域发展政策融入教学和科研之中，使师生全面了解政策内容，增强政策认同感。同时，地方高校还可以利用自身的学术影响力和社会声誉，通过官方网站、微信公众号等新媒体平台，面向社会公众开展政策宣传，扩大政策受众面，提高政策知晓率。

其次，地方高校是政策解读的重要智库。区域发展政策往往涉及经济、社会、文化等多个领域，内容复杂，专业性强。地方高校汇聚了各学科领域的专家学者，他们可以运用扎实的理论基础和前沿的研究方法，多角度、多层面地分析政策内容，揭示政策出台的时代背景、现实意义和实践价值。这种全面、权威的政策解读，能够帮助政府部门准确把握政策精神，科学制定实施方案，有效指导基层工作，确保政策落地见效。

再次，地方高校是政策咨询的重要力量。作为区域发展的"智囊团"，地方高校教师不仅能够解读已有政策，还能够根据区域发展的现实需求，主动为政府建言献策，提供前瞻性、针对性、可操作性强的政策建议。这种"建言式"政策宣传和解读，通过发挥高校智库优势，为政府决策提供智力支持，推动政府决策更加科学化、民主化，从而更好地服务区域高质量发展。

最后，地方高校是政策评估的重要主体。政策评估是政策宣传与解读的重要延伸。通过科学评估区域发展政策的执行效果和社会影响，地方高校能够及时发现政策实施中的问题和不足，为政策调整完善提供依据和参考。同时，地方高校还可以整合多方资源，搭建政府、企业、社会多元主体参与的综合评估平台，广泛吸纳各方意见建议，提高政策评估的科学性和民主性，促进政策不断优化和完善。

三　地方高校影响区域国际化进程

在经济全球化和高等教育国际化的大背景下，积极推进地方高校国际化进程，不仅有助于提升高校自身的办学水平和人才培养质量，更能为区域经济社会发展注入新的活力和动力。

从知识创新的角度来看，地方高校通过实施国际化项目，能够引进国外先进的教学理念、课程体系和科研成果，优化学科专业结构，推动教育教学改革。通过与国外高水平大学开展学术交流与合作，地方高校教师能够接触到本学科领域的前沿动态，拓宽学术视野，提升科研创新能力。同时，引进国外优质教育资源有助于地方高校及时更新教学内容，改进教学方法，提高人才培养质量，为区域发展输送更多高素质人才。

从人才培养的角度来看，地方高校国际化项目为学生提供了更加多元化、个性化的成长路径。通过参与国际交流项目、联合培养项目等，学生能够接受多元文化的熏陶，增强跨文化交流能力，培养国际视野和全球胜任力。在与国外学生的互动交流中，地方高校学生能够开阔眼界，激发创新思维，提高综合素质，为未来走向国际舞台奠定基础。国际化的育人环境也将吸引更多优秀学子报考地方高校，夯实生源基础，提升地方高校的社会声誉和影响力。

从服务区域发展的角度来看，地方高校国际化项目是推动区域开放发展、参与全球治理的重要抓手。通过与国外高校、科研机构、企业等开展多层次、宽领域的合作，地方高校能够引进先进技术、管理经验和国际资本，促进区域产业转型升级和科技创新。同时，地方高校还可以发挥智库作用，为地方政府制定对外开放政策以及为其参与国际事务提供决策咨询和智力支持。国际化的地方高校将成为立足区域、融通世界的重要桥梁和纽带，为提升区域国际竞争力和影响力做出积极贡献。

此外，地方高校国际化项目还有助于促进不同国家、民族和文化之间的交流互鉴，增进人类的互信与包容。通过开展中外学生互换、联合培养博士研究生、建设海外孔子学院等项目，地方高校能够向世界展示中华优秀传统文化的魅力，讲好中国故事，传播中国声音，提升国家文化软实力。这不仅有利于减少国家间的隔阂与偏见，促进世界和平，更是构建人类命运共同体的应有之义。

第三节　地方高校服务区域高质量发展的相关理论基础

一　高等教育功能理论

高等教育的起源可追溯至中世纪时期，其中以法国的巴黎大学和英国的牛津大学为典型，它们最初的主要任务是为社会培养专业人才。柏林大学的创始人之一洪堡提出了教学和科研在高等教育中同等重要的观点，并强调了将教学与科研有效结合的原则。继人才培养职能之后，科学研究逐渐成为高等教育的另一核心职能。20世纪，美国教育家克拉克·克尔在其著作《大学的功用》中提出，大学应承担起为城市提供社会服务的职责。这一观点的形成与当时社会各行各业快速发展、对知识依赖日益增强的趋势密切相关。特别是"威斯康星理念"的提出，标志着高等教育在服务区域经济社会发展方面迈出了重要的一步。随着这些理念的发展，高等教育机构的三大职能逐渐明确：人才培养是基础职能，科学研究是社会职能，而社会服务则是建立在人才培养和科学研究两大职能之上的广义职能。这些职能共同构成了现代高等教育机构的使命和责任。

1. 人才培养

高校的基本职能是人才培养，为社会提供适应发展需要的人才，这也是高等教育的本体功能。历史上，哲学家、教育家、科学家对"培养什么样的人才"争论不休。争议的主题不外乎是：经过培养，一个人的精神应该达到一种什么样的状态，一个人的学识应该达到何种程度？培养过程中，精神培养更重要还是学识培养更重要？尽管高等教育在不同历史时期呈现多样化的人才培养理念，但其核心宗旨始终聚焦于人的全面发展。教育的根本任务在于有意识地塑造和培养人。高等教育亦不例外，它遵循着这一根本原则。相对于基础教育，高等教育的对象通常是那些已经积累了较为丰富的知识，并在社会实践中展现出较强主动性和能力的个体。因此，高等教育的目标在于进一步激励这些学习者积极参与社会活动，发挥其创造性和领导力，以促进社会的进步，并在此过程中实现个人价值的最大化。很明显，在个体于社会实践中实现自我价值的同时，高等教育的基本任务——赋予个体谋生的能力也得以完成。这一使命是高等教育的根本职责，同时也是最容易实现的目标之一。依据马斯洛的需求层次理论，处于较高需求层次的学习者追求的是自我实现的需求满足。因此，通过提升知识水平和完善人格，实现人的全面发展和追求幸福生活，构成了高等教育育人功能的最终追求。

当前，高校在培养应用型人才方面主要采取校企合作培养和基于地方需求的定制化培养两种模式。这两种培养模式不仅向社会输送了具有较强适应性的应用型人才，而且增强了区域与高校之间的互动与合作。首先，就校企合作培养模式而言，在高等教育迅速发展的当下，教育主管部门提倡通过试点项目推进应用型人才的培养，并将此作为高等教育改革的关键环节。校企合作培养模式旨在促进双方的互动与成长，为企业量身定制满足其发展需求的应用型人才。然而，校企合作过程中的不确定性因素可能阻碍其持续有效发展。为确保校企合作的长期稳定，需要政府介入，协调双方利益，确保校企合作培养模式的稳健运行。其次，就基于地方需求的定制化培养模式而言，关键在于培养能够适应社会发展的人才。高校需根据社会发展的不同阶段对人才需求的变化，适时调整教学方法和学科建设，以培养出能够适应社会发展需求的应用型人才。地方政府通常掌握着人才需求的一手信息，因此，高校与地方政府之间的合作交流对于培养符合地方实际需求的人才至关重要。

2. 科学研究

高等教育机构的科研能力是衡量其综合实力的关键指标。一般而言，高校的科研活动涵盖基础研究、应用研究和开发研究等多个层面。为了使高校培养的人才能满足地方建设与发展的需求，高校的科研工作也应针对地方的具体发展需求进行，即科研活动应与地方实际情况相适应，以实现其发展价值。然而，高校在科研启动资金、项目和平台建设等方面常常面临资源不足的问题。地方政府的参与可以在一定程度上缓解这些问题，这也表明高校与地方政府之间需要建立紧密的合作关系。首先，高校的科研项目应聚焦社会发展和建设的需求，开展有目的性的科研工作，这不仅有助于提升高校的科研水平，也能促进地方建设与发展。其次，地方政府的财政支持对于保障科研活动的持续性至关重要，双方需要构建稳固的合作关系。最后，科研成果的转化能够产生经济效益，而这一转化过程需要地方政府的支持与协助。因此，从科学研究职能的角度来看，高校与地方政府的合作能够有效地解决高校在科研启动资金、项目和平台建设等方面的资源不足问题。

3. 社会服务

高校的社会服务职能是指其在人才培养和科学研究的基础上，向全社会提供高质量的服务。高校通过产学研结合的模式为社会提供一系列服务以获取一定的收益。高校在提供社会服务的过程中，依赖于其教学和科研的资源与成果，这种依赖性在一定程度上促进了高校与地方政府及企业之间的合作。首先，高校的核心优势在于其能够向社会输送人才，这决定了高校必须培养符合地方发展需求的人才。其次，高校的科学研究应与地方发展相适应，为社会提供切实可行的服务。产学研结合的模式在一定程度上已成为高校服务社会的有效手段，但为了构建一个完善的社会服务体系，必须深化校地合作。

习近平总书记指出："我国高等教育发展方向要同我国发展的现实目标和未来方向紧密联系在一起，为人民服务，为中国共产党治国理政服务，为巩固和发展中国特色社会主义制度服务，为改革开放和社会主义现代化建设服务。"[①] 坚持"四个服务"，是统筹促进教育服务人的发展和教育服务社会的发展的要求。实践证明，高校的发展具有内在动力，但为了实现可持续发展，仍需借助外部力量。高校凭借其人才和科研优势，推动地方发展，因此地方与高校之间存在必然的联系。从人才培养的角度来看，高校培养的人才具有专业性，能够满足社会发展的需求，对地方发展产生积极影响；从科学研究的角度来看，科学研究能够为地方提供创新驱动力，是地方发展的重要组成部分；从社会服务的角度来看，高校具有提升地方发展水平、市民文明素养和城市文化底蕴的功能。可以说，高校的三大职能对地方发展具有重要的促进作用。

二　内生经济增长理论

随着知识经济的兴起以及发达国家从工业化社会向后工业化知识社会的转型，知识在现代经济体系中的核心地位愈发凸显。在这一过程中，对高技术商品和服务的有形投资，以及对教育、培训和研究与开发等的无形投资变得尤为关键。面对这些变化，传统的新古典增长理论显现出其局限性，无法充分解释某些关键的经济增长现象。

为了解决这一问题，一些经济学家开始对传统生产函数进行修正，将知识要素直接纳入其中，以揭示经济增长的特性和知识对经济长期增长的影响。继索洛之后，阿罗（Arrow）提

---

① 《习近平谈治国理政》（第二卷），外文出版社，2017，第376~377页。

出了"知识积累的内生理论",用以阐释技术进步。阿罗将知识的积累视为"经验的产物",认为企业在投资和生产过程中逐步积累的生产知识能够提升生产效率,从而将知识的再创造视为投资的"副产品",即生产过程中的"边干边学"效应。

尽管索洛的新古典经济增长模型和丹尼森的增长因素分解法对教育在经济增长中的贡献进行了研究,但这些研究均将技术变革视为外生变量,其理论基础属于外生经济增长理论范畴。20世纪80年代后期,经济学家提出人力资本是技术进步的关键因素的观点,认为人力资本积累通过促进技术进步提升生产效率,进而推动经济增长。

在此背景下,内生经济增长理论应运而生。1986年,罗默对阿罗的"边干边学"效应进行了扩展,提出以"知识"替代"资本"的观点。通常认为,内生经济增长理论的确立以保罗·罗默(Paul M. Romer)于1986年发表的《递增收益与长期增长》和1990年发表的《内生技术变革》,以及罗伯特·卢卡斯(Robert E. Lucas)于1988年发表的《论经济发展的机制》为标志。这些研究创立了新的内生经济增长模型,将技术变革与进步视为内生变量,以解释经济增长现象。内生经济增长理论亦称新增长理论,是20世纪80年代中期产生的一个重要的西方宏观经济理论分支。自其诞生以来,技术进步、政府支出、研究与开发以及人力资本(包括教育投入)等被视为内生变量,并被纳入经济增长模型中。

以罗默为代表的内生经济增长理论学者认为,经济增长率与人力资本的水平密切相关,即经济增长率取决于人力资本水平，人力资本水平越高，经济增长率就越高[①]。罗默将知识分为一般性知识和专业化知识两大类：一般性知识能够产生规模经济效应，而专业化知识则能引发生产要素的收益递增。当两者结合时，不仅能实现递增收益，还能使劳动力投入产生与资本相似的递增收益，推动整体经济呈现规模收益递增的趋势。此外，该学派还认为知识积累与经济增长之间存在一种动态的循环互动关系。知识积累既是经济增长的动因，也是其结果。知识积累的四种机制包括：物质化技术的知识积累、劳动者的人力资本积累、劳动分工发展的知识积累、制度变迁中的知识积累。这四种机制相互关联，技术进步依托人力资本，人力资本依赖劳动分工，而劳动分工又受制度演变影响。因此，经济增长是一个以知识积累为基础，人力资本积累、技术进步、制度变迁和劳动分工等多个因素相互作用的社会进程。据此，该理论认为经济增长的最终成效主要取决于技术进步，特别是由内生的技术变革所驱动。

罗默还提出一个将经济整体划分为研究与开发、中间产品制造和最终产品生产三个部门的模型。该模型基于两个核心假设：第一，劳动力供给是固定不变的，与人口数量相关；第二，在经济运行过程中，人力资本的总量保持恒定。这些假设限制了"三部门模型"成为严格意义上的内生增长模型。针对这一局限性，尹静对罗默的模型进行了扩展，在原有的"三部门模型"框架内引入了一个独立的"教育部门"[②]。这一创新

[①] 李文利：《从稀缺走向充足——高等教育的需求与供给研究》，教育科学出版社，2008，第245页。

[②] 尹静：《边干边学和人力资本内生化的内生经济增长模型》，《世界经济文汇》2003年第1期。

性行为突破了原有模型中人力资本由外部因素决定的局限，使得人力资本的积累成为模型内生的一部分。通过这一修正，尹静进一步分析并得出结论：在实现经济增长的最优均衡状态时，相对于发达国家，发展中国家应当在教育领域投入更多的资本。这一结论强调了教育投资在推动发展中国家经济增长中的重要作用。

内生经济增长理论对地方高校服务区域发展有较大的指导意义，主要表现在以下三个方面。

第一，地方高校要立足服务区域，找到服务区域经济建设的结合点。知识积累与经济增长之间存在着一种循环的互动关系，彼此相互促进。知识积累既是经济增长的原因，也是结果。知识可以被划分为一般性知识和专业化知识，其中一般性知识能够产生规模效应，而专业化知识则能够带来要素的递增收益。这两者结合不仅能够形成递增收益，还能使劳动要素的投入产生与资本投入相似的递增收益，进而实现整体经济规模的递增收益。罗默提出，知识积累是现代经济增长的新动力，特殊的知识和专业化的人力资本是推动经济增长的关键因素。此外，该理论还指出，知识是区域经济增长的决定性内生变量，现代经济对知识的依赖程度超过了历史上的任何时期，知识将逐步取代物质资本，成为经济发展中最为关键的生产要素。在经济增长达到一定阶段后，推动经济增长的主要因素不再是传统的劳动力和资本，而是掌握技术和知识的人力资本。

地方高校与部属高校不同，其主要任务是服务于特定区域，承担着推动区域发展的使命。这既是地方高校职能拓展的必然趋势，也是区域经济发展的内在需求。地方高校作为知识、人才和文化的集聚中心，其生存和发展的基础在于能够为区域经济建设提供人才和科技支持，从而增强其与区域经济建设的适应性和协同性。因此，地方高校应将服务区域经济建设作为其核心职能，寻找服务区域经济建设的切入点和着力点，以促进区域经济建设朝着更加务实、理性和可持续的方向发展。

第二，提升地方高校人力资本生产效能，满足区域经济建设的实际需要。卢卡斯将人力资本要素纳入经济增长模型，着重强调了人力资本投资所产生的溢出效应。该理论进一步阐释了单位部门人力资本的增长不仅能够提升产出，还能带动社会整体人力资本水平的提升，最终使所有企业和个人受益。因此，人力资本积累的溢出效应是维持经济持续增长的关键动力。人力资本可视为经济增长的引擎，对于区域经济建设而言，地方高校作为人力资本生产的重要部门，扮演着至关重要的角色。人力资本的溢出效应可以视为一种学习效应，即向他人学习或相互学习的过程。地方高校肩负着为区域经济建设培养人才的使命，为区域经济建设提供丰富的人力资本，从而促进其他生产要素的收益递增。地方高校必须成为优秀的人力资本"生产部门"，通过优化人力资本，提升服务区域经济建设的效率，进而产生积极的人力资本溢出效应。

卢卡斯将人力资本分为一般人力资本和专业化人力资本，并认为前者一般通过学校教育获得，后者通过在实践中学习获得。因此，地方高校应根据其办学条件和区域经济建设的实际需求，有针对性地开展多种形式的学历教育或非学历培训，以培养适应区域经济建设需求的应用型技术人才，满足各类人员接受继续教育和终身教育的需求。一方面，通过正规或非正规学校教育，提升经济活动中个体的智力和技能，从而提高劳动生产率，这体现在高水平的人力资本能够带来收益递增并获得更高的收入；另一方面，通过对生产实践的参与而非学校教育来积累经验，在实践中学习，提升劳动者的技能，这样形成的人力资本能够使资本和其他生产要素的收益实现递增。

第三，增加欠发达地区的教育投入，优化人力资本结构。卢静对罗默的经济增长模型进行了改进，引入了"教育部门"这一新要素，打破了人力资本总量由外部因素决定的假设。她提出，在经济增长达到最优均衡状态时，发展中国家应当投入更多的教育资源。这一见解不仅丰富了内生经济增长理论，而且为经济欠发达地区的人才培养提供了极具价值的现实指导。

人才是推动区域经济发展的关键，而人才的价值体现在其对区域经济的贡献上。地方高校的基本特征和转型的出发点都在于其区域化特性。在市场经济不断深化的背景下，服务区域经济建设成为地方高校的时代责任。人力资本的开发和培育依赖于教育事业的推动，而高校作为人才培养的核心阵地，对于人才的培养方向具有决定性的影响。地方高校应充分利用其区域化优势，根据区域经济建设的实际需求，有针对性地培养人才，以满足区域经济发展的需要。通过优化教育资源配置，提高教育质量，地方高校可以为区域经济建设提供有力的人才支持，从而推动区域经济的持续健康发展。

三 共生理论

共生理论是一个广泛的概念，它来源于生物学，由美国微生物学家和分子生物学家马古利斯（Margulis）等人提出，最初用于描述不同生物体之间相互依存、相互演化的关系。共生理论认为不同实体之间存在相互依赖和互惠互利的关系，这种关系表现为物质、能量或信息的交换。随着理论的发展，共生的概念已经超越了生物学的范畴，人们认识到共生是人类之间、自然之间以及人与自然之间形成的一种相互依存、和谐、统一的命运关系。20 世纪 50 年代以后，共生思想渗透到社会诸多领域，成为解释和分析社会现象的重要工具。

胡守钧教授认为"共生是人的基本存在方式，社会进步就是改善人的共生关系"[①]。所谓"共生"则是指异质对象间的和谐与共同生存，其本质是协同发展。在当今相互依存、合作共赢的社会，地方高校与地方社会的发展紧密相连、相互作用。因此，"共生教育"引起教育学家的极大关注。高校应致力于与外部社会环境建立互惠共生的合作关系，并在此共生互动中，尊重高等教育自身的发展规律。高等教育体系的演进与社会经济的正面发展构成了一个共生体系。地方高校与区域经济社会之间的互利互惠，是不可避免的发展方向。

地方高校是一个区域人才、知识、信息资源的聚集地，有着推动区域人力资本培育和提升的优势和潜力。因此，地方政府在今后的区域经济建设过程中，可从地方高校科研人才队伍建设、科研经费投入以及加强校企合作等方面加大对人力资本的投资力度，地方高校必定成为人才培育最重要的阵地。

共生理论从多个维度阐释了教育与经济之间的协作关系，

---

① 胡守钧：《社会共生论》，复旦大学出版社，2006。

为深入探究校企合作教育、知识共享以及创新能力之间的联系提供了理论基础。该理论为激发企业参与校企合作的积极性、改变当前校企合作中高校或企业单向参与的现状提供了理论支撑，也为校企合作教育的人才培养指明了方向。要分别从企业和高校的视角出发，深化并优化在区域经济建设中产学研合作双方的合作内容与模式，发挥学校与企业在人才培养方面的优势，推动理论教学、实践教学与生产实训的深度融合，实现学生职业能力与企业岗位需求的无缝对接。总之，只有增强合作共识、创新合作路径，并分阶段有序推进，才能保障校企合作的可持续发展。

第二章　地方高校服务区域高质量发展的实践依据

目前，我国正经历着经济增长方式和区域经济建设模式的转型，与此同时，地方高校也步入了新的发展阶段。在这一转型背景下，地方高校与区域高质量发展之间的联系日益紧密。地方高校的发展与区域经济社会的人才培养、科技创新、文化建设等方面紧密相连，对促进区域高质量发展起到了重要的推动作用。地方高校的转型与发展成为推动区域高质量发展的关键动力。这反映了地方高校与区域高质量发展之间相互促进、相互制约的内在规律。

第一节　区域高质量发展的客观要求

区域高质量发展需要地方高校提供大量的资源。新型智库建设、科技进步和产业结构调整需要地方高校的智力支撑和技术支持，产学研合作需要地方高校协同推进，区域文化发展需要地方高校发挥文化传承与创新的作用。

一 新型智库建设需要地方高校智力支撑

地方高校肩负着服务区域高质量发展的重要职责与任务，其拥有的相对自主性使其成为区域新型智库建设的关键平台。"智库"（Think Tank）这一术语起源于西方，也被称作智囊团或思想库，它指的是那些通过调研、分析和论证政治、经济、社会等领域问题，为决策者或决策机构提供最优策略选择的研究机构。根据主体的不同，智库可以分为官方智库、高校智库和民间智库三种类型，而新型智库应当是这三种智库的综合体。在这一结构中，高校智库应占据核心地位。

在新的历史时期，国家越来越关注高校智库的职能。2014年2月，教育部印发《中国特色新型高校智库建设推进计划》，明确指出高校智库需要发挥战略研究、政策建言、人才培养、舆论引导和公共外交等关键职能，并为中国特色新型智库建设提供有力的人才保障，以提供高水平的智力支持，助力党和国家的科学决策。2015年1月，中共中央办公厅、国务院办公厅印发《关于加强中国特色新型智库建设的意见》，对智库建设的重要性、基本原则等方面进行了明确的规划，并对高校智库建设提出了具体要求，以促进高校智库的发展和完善。发挥高校学科齐全、人才密集和对外交流广泛的优势，深入实施中国特色新型高校智库建设推进计划，推动高校智力服务能力整体提升。深化高校智库管理体制改革，创新组织形式，整合优质资源，着力打造一批党和政府信得过、用得上的新型智库，建设一批社会科学专题数据库和实验室、软科学研究基地。实施高校哲学社会科学走出去计划，重点建设一批全球和区域问题研究基地、海外中国学术研究中心①。这为地方高校智库的建设提供了明确的方向。

二 科技进步和产业结构调整需要高校技术支持

随着地方城市化和工业化步伐的加快，无论是大型国有企业还是中小型企业，都面临技术创新和产品升级的挑战，急需地方高校提供技术支持和科研创新服务。科学研究是高校的重要职能，地方高校在这一领域展现出与部委所属高校不同的特色。地方高校的科研活动主要聚焦于解决区域内的实际问题，依据区域高质量发展的实际需求来选择合作课题，并将资源重点投入应用研究领域，为科技成果的转化提供技术支撑。高校科研成果的成功转化能够催生新的生产力，这不仅能够推动地方经济和社会的发展，甚至有可能彻底改变地方传统的落后生产技术，实现产业结构的优化和重组。地方高校可以通过建立中小企业技术咨询服务中心，与企业合作建立高质量的技术研发中心、科技园区等产学研合作实体，加速科技成果的转化和推广。同时，也可以利用假期组织科研人员和技术团队到地方企业开展技术培训，开设成人教育课程，无偿提供各类行业知识培训和职业上岗培训。

三 产学研合作需要地方高校协同推进

产学研合作是指高校、科研机构、地方政府及企业基于"全面合作、资源共享、互惠互利、共同发展"的理念，共同

---

① 《教育部关于印发〈中国特色新型高校智库建设推进计划〉的通知》，教育部政府门户网站，http://www.moe.gov.cn/srcsite/A13/s7061/201402/t20140212_164598.html。

开展科学技术研究、人才培养和经济建设等活动。这种合作模式实现了技术创新的上、中、下游环节的有效对接，符合社会生产力发展和技术创新的内在规律。"协同"一词在《现代汉语词典》中的定义是：各方相互配合或甲方协助乙方做某件事。协同学理论进一步阐释了协同的概念，将其视为元素之间的相干能力，即元素在整体发展过程中的协调与合作特性。元素间的协调合作能够产生拉动效应，推动事物向前发展。对于参与协同的各方而言，协同的结果不仅使个体受益，还促进了整体共同发展，使得各元素的属性得到增强，整体朝着积极方向发展，这一相干性即为协同性。产学研合作的实现，需要各方在明确的目标和共同的利益基础上，通过有效的沟通和协调，实现资源的优化配置和有效利用，以促进科技成果的转化和产业的升级。这种合作模式不仅能够提升科技创新的效率和质量，还能够促进区域经济的发展和社会的进步。

地方高校服务区域高质量发展具有天然的优势。由于扎根于地方，地方高校能充分了解区域高质量发展的需求，并且随着时间的积累，往往能够建立起与区域紧密结合的科研团队，形成自身的研究特色，逐渐具备服务区域高质量发展的能力。例如，企业发展是区域高质量发展的一环，而地方高校不仅拥有一定的科研实力，能够利用自身的科研优势服务企业，还能持续地为企业输送科技人才，组织开展各类培训活动，提升员工的劳动技能。

区域产学研一体化有利于实现校地科技研发资源和科技创新人才的合作与共享。地方高校通过产学研合作的模式，能够将学术性知识转化为产业性知识，这不仅促进了区域高质量发展，还有助于解决科研经费问题。地方高校在产学研合作中扮演着重要的角色，通过与企业紧密合作，能够将科研成果转化为实际生产力，推动区域高质量发展。

四 区域文化发展需要地方高校文化传承与创新

地方高校通常被视为区域文化交流的枢纽，是区域文化传播的中心，并因此受到地方政府的高度重视和社会各界的广泛关注。在参与区域高质量发展的过程中，地方高校以服务区域经济建设为核心目标，致力于成为地方先进文化的传承者、创新者和引领者，创造地方先进文化的推动者，以及推动区域终身教育的主要力量。地方高校的基本职能使其成为传承、创新和引领地方先进文化的最佳载体。在区域高质量发展的需求下，地方高校不仅要服务于区域经济方面的发展，还要接受传承、创新和引领地方先进文化的重要任务，这是时代赋予地方高校的新的历史责任。作为传承和创新地方文化的载体，地方高校需要从被动接受转变为主动作为，充分发挥自身的价值，成为推动地方先进文化发展的骨干力量。通过积极地参与和引领地方先进文化的传承与创新，地方高校能够为区域高质量发展做出更大的贡献。

1. 区域文化资源需要地方高校梳理与评估

文化资源是一个地区独特的、宝贵的无形资产，蕴含着丰富的历史信息、艺术价值和精神内涵。对区域文化资源进行系统的梳理和科学的评估，不仅有利于全面认识和把握区域文化的特色和优势，还是发掘文化资源价值、推动文化产业发展的前提和基础。

作为区域文化建设的重要力量，地方高校承担了区域文化资源的梳理与评估重任。一方面，地方高校拥有丰富的智力资源和突出的学科优势。其人文社科学科门类齐全，拥有历史学、考古学、民俗学等多个与区域文化密切相关的学科，聚集了一大批文化研究领域的专家学者，为区域文化资源梳理和评估提供了多元化的学术视角和强有力的技术支撑。另一方面，地方高校具有服务区域高质量发展的天然使命。区域文化建设是地方社会发展的重要内容，事关区域的核心竞争力和可持续发展。地方高校立足区域、服务区域，推动区域文化资源的保护和利用，既是促进区域文化繁荣、提升区域软实力的重要举措，也是高校服务社会、彰显使命担当的具体实践。

地方高校可以充分发挥自身学科优势，运用田野调查、口述历史、文献研究等多种方法，全面梳理区域不同类型的文化资源，绘制文化资源分布图谱，建立文化资源数据库，为文化资源的保护和利用提供完整、准确的信息支撑。文化资源价值具有多维性，既包括历史、艺术、科学价值，也包括社会、经济、生态价值。地方高校可以发挥文化研究的学科优势，从不同学科视角和维度综合评判区域文化资源的价值，既重视对珍稀文化遗存、濒危文化形式的价值判断，又重视对文化生态系统完整性的评估，为文化遗产保护等级划分、文化产业发展提供决策参考。地方高校可以发挥学科交叉融合的优势，不断丰富文化资源价值评估的理论视角、创新评估模型、完善评估指标、提高评估科学性，为文化资源梳理与评估提供持续的理论和方法支撑。

地方高校通过参与区域文化发展规划和政策制定，推动将文化资源保护与利用纳入区域发展的总体布局。充分发挥文化资源所在地居民、民间文化团体的作用，形成全社会共同参与文化资源梳理与评估的生动局面。只有地方高校与政府、社会形成合力，区域文化资源的梳理与评估工作才能不断深化，文化资源的价值才能充分彰显，区域文化事业才能真正实现高质量发展。

2. 区域文化遗产保护需要地方高校提供保障

地方高校肩负着传承和弘扬中华优秀传统文化的神圣使命。在区域文化遗产保护过程中，地方高校可以充分发挥其人才优势、学科优势和平台优势，为文化遗产保护提供坚实的智力支撑和人才保障。

从人才培养角度来看，地方高校是培养文化遗产保护专业人才的摇篮。通过开设文化遗产保护相关专业和课程，地方高校为文化遗产保护事业源源不断地输送高素质人才。这些人才不仅具备扎实的理论基础和专业技能，还具有深厚的家国情怀和文化自信。他们将成为传承和弘扬中华优秀传统文化的中坚力量，为文化遗产保护事业的可持续发展提供人才保障。同时，地方高校还可以通过举办专题讲座、研讨会、学术沙龙等方式，提升学生文化遗产保护意识，激发其投身文化遗产保护事业的热情。

从科学研究角度来看，地方高校是文化遗产保护理论与技术创新的重要基地。文化遗产保护是一项系统工程，涉及考古学、历史学、材料学、信息科学等多个学科领域。地方高校可以发挥综合学科优势，组建跨学科研究团队，开展文化遗产保护基础理论和关键技术研究。通过深入挖掘文化遗产的历史价值、艺术价值和科学价值，创新性地解决文化遗产保护过程中的重大科学问题和关键技术难题，地方高校能够为文化遗产保护实践提供强大的理论支撑和技术支持。同时，地方高校还可以加强与文博单位、科研院所的合作，建立产学研用协同创新机制，促进文化遗产保护理论研究与实践应用的深度融合。

从社会服务角度来看，地方高校是文化遗产保护成果转化与传播的重要平台。地方高校可以充分利用自身的人才优势和智力资源，为地方政府、文博单位提供文化遗产保护咨询服务，参与文化遗产保护相关政策制定等决策过程。同时，地方高校还可以发挥自身的教育功能和社会影响力，通过举办文化遗产展览、开放日等活动，向公众普及文化遗产保护知识，增强全社会的文化遗产保护意识。此外，地方高校还可以充分利用现代信息技术手段搭建文化遗产数字化平台，实现中华优秀传统文化的创造性转化和创新性发展，让文化遗产"活起来"。

3. 区域文化消费需要地方高校引领

创新是推动文化产业持续发展的核心动力，而地方高校则是这种创新的重要源泉。地方高校深入研究地方的历史和文化传统，挖掘其中的独特元素和精神内涵，将其与现代审美和市场需求相结合，打造出具有鲜明地方特色的文化品牌。因此，地方高校可以依据自身的教育理念、校园文化积淀，传承与创新区域文化。通过这样的方式，地方高校不仅能够促进文化的传承，还能够推动文化的创新，使其更加符合时代发展的需求，同时也能够丰富区域文化生活，提升区域文化软实力。

首先，传承与创新区域文化离不开文化消费。随着中国区域发展战略的深入实施，经济竞争逐渐演变为文化竞争。特别是在中国城市群建设和区域一体化发展的新阶段，文化消费力成为衡量一个地区竞争力的关键指标。推动区域高质量发展不仅需要发展现代化农业和工业，还需加强文化消费的建设。地方高校在服务区域高质量发展时，可以积极参与文化资源的传承与创新，并推动文化消费发展。创新理念是推动创新的内在力量。由于高校，包括地方高校在内，营造了有利于文化传承与创新的氛围，地方高校可以在此基础上，结合自身特色引入新的文化元素和理念，从而对区域文化和文化产业进行重新整合与创新。

其次，区域文化消费离不开地方高校的主导和引领。作为高等教育的前沿阵地，地方高校不仅是人才培养的摇篮，也是科学研究和文化创新的重要基地。地方高校凭借其深厚的文化底蕴和丰富的学术资源，能够有效地推动和引导区域文化消费的健康发展。一方面，地方高校通过教育和研究活动，培养出具有创新精神和实践能力的人才，这些人才将成为推动区域文化消费的中坚力量。他们不仅能够理解和欣赏文化产品的价值，还能够创造和推广新的文化理念和消费模式，从而提升整个区域的文化消费水平。另一方面，地方高校通过与地方政府和企业合作，能够将学术研究成果转化为实际的文化产品和服务，满足公众的文化需求。同时，地方高校还能够通过举办文化活动、展览和讲座等形式，提高公众的文化素养，激发公众的文化消费热情。此外，地方高校还应当积极参与区域文化政策的制定和实施，为区域文化消费提供指导和建议。通过这些努力，地方高校不仅能够促进区域文化消费的繁荣，还能够在区域文化发展中发挥更大的影响力，实现文化与经济的双赢。

4. 区域文化交流需要地方高校主导

区域文化交流的深度是衡量区域文化发展水平的重要指标。区域文化的形成是一个动态演化的过程，它反映了当地居民的利益和需求，并体现了区域社会对真善美的诉求。地方高校在学科建设、专业发展、课程设计以及校园文化交流等环节中，可以有效地融入和吸收区域内的优秀文化特质和人文关怀等元素，同时还可以利用区域内的人才、知识和信息资源，挖掘和培育具有区域特色的新知识、新思想和新文化。

首先，通过研究区域特色文化来促进区域文化交流。科学研究与文化交流密不可分，地方高校所处的区域文化环境为其特色学科建设提供了有利条件。区域特色文化是宝贵的文化资源，利用这些特色来创建特色学科并开展相关研究，不仅能够提升地方高校在学科建设方面的竞争力，也有助于推动区域特色文化的传承与创新。

其次，从人才的文化属性角度出发，促进区域文化交流。由于地方高校的师资和学生来自不同地区，他们的观念、习俗和文化背景存在显著差异，这种多样性为文化交流和整合提供了肥沃的土壤，也有利于人才培养体系的改革与创新。由于来自其他地区的师生本身具有与地方高校所在区域不同的文化背景，地方高校培养出的人才在文化属性方面也会表现出与其他地区明显的差异性。这种文化属性的差异性为区域社会和文化产业的研究提供了丰富的创新元素。因此，地方高校在人才培养，尤其是在地方课程和校本课程的开发上，既要考虑区域文化的包容性，也要植入新的文化理念和价值观，通过培养人才来发挥其辐射作用，促进区域文化的交流。

最后，通过吸收健康有益的文化促进区域文化交流。将区域健康有益的文化纳入教学和科研活动，以促进校园文化与区域文化的深度融合，并实现区域文化的内生转化。地方高校可以发挥其文化辐射作用，不断输出新思想、新理论，利用其高道德水准和高文化品位的人才优势，提升地方先进文化的影响力，提高地方居民的文化素养和精神文明水平。刘理提出，大学的新职能在于引领社会，大学是传承、创新、引导文化的基地，其生命力在于弘扬和引导社会先进文化，通过对文化的批判和创新激发全民族的文化创造力，不断引导社会文化的进步。大学引领社会不仅仅是其社会服务职能的延伸，更体现在提升社会文化软实力这一重要责任上，这将为社会发展做出重大贡献[①]。

第二节　地方高校生存和发展的需要

地方高校的生存和发展离不开地方财政的支持，地方经济社会的发展水平既是地方高校发展前进的动力，又制约和影响着地方高校的发展。

一　服务地方社会是地方高校生存的根基

地方高校是地方社会的最高学府，为地方社会提供服务是

---

① 刘理：《由服务社会向引领社会转变——学习型社会大学服务职能的新趋向》，《教育与现代化》2006 年第 3 期。

地方高校的核心职责。地方高校通常由地方政府根据本地区的经济发展状况和居民对高等教育的需求而建立。因此，服务地方社会不仅是地方高校存在的基础，也是其发展的关键路径。首先，地方高校的成立旨在满足地方政府推动区域经济发展和文化建设的需求，其根本任务是服务于地方社会。其次，地方高校主要依赖地方政府的支持来办学，遵循"省市共建，以市为主"的管理模式，其中地方政府扮演着主要责任人的角色。最后，地方高校的办学资金主要来源于地方财政，如果地方高校不能有效地履行服务本地区的职责，那么其办学的可持续性将面临危机。

二　服务地方社会是地方高校发展的主要途径

在资源获取和机会拥有方面，国家重点高校通常能够更容易地从国家和社会层面获得丰富的教学和科研资金。对于这些国家重点高校而言，是否开展地方社会服务活动几乎不会对其发展产生关键影响。此外，这些高校也是企业和个人资助的重点对象。然而，对于办学条件较差、办学经费不足的地方高校来说，情况则完全相反。由于大多数地方高校位于经济发展较为滞后的地区，地方财政对这些院校的资金支持往往有限。在这种现实背景下，对于那些资金来源渠道有限的地方高校而言，要想实现生存和发展，就必须利用自身的优势资源服务地方社会，以此赢得地方政府和企业的支援。因此，服务地方社会不仅能够解决地方高校的生存问题，也有助于解决其发展问题。通过这种方式，地方高校可以为地方经济社会发展做出贡献，同时也能够获得必要的资源和支持，提升办学质量、促进可持续发展。

三　服务地方社会是地方高校教育与教学改革的主要动力

虽然我国高等教育已经发展到一定水平，但发展不平衡现象依然存在。地方高校通过整合利用教育资源、充分发挥自身优势服务地方社会发展，尤其是在实施乡村振兴战略的背景下，这样做能够激发高校的成长内驱力、推动资源互通共享并使其获得持续发展动力，因此这是地方高校实现高等教育内涵式发展的重要途径。

地方高校要改变以往传统封闭的办学模式，必须深化教育与教学改革，特别是教育内容的改革，其需要遵循的一个重要原则就是理论联系实际。这就要求教师在课堂上讲授的内容要联系当地实际情况，学生也需要通过深入地方社会来提升理论知识水平和实践能力。地方社会这个大环境为地方高校的服务工作提供了重要场所，同时也是院校师生理论联系实际的重要渠道。师生在服务地方社会的过程中不仅融入了社会、开阔了眼界，也增强了自身的动手操作能力。这种以学科建设为依托、以技术创新为支点的高质量社会服务活动，反过来也推动了学科建设和教育与教学改革。

第三章　高校社会服务能力的
形成机理

高等教育的发展史也是一部高校服务社会的历史。自近代以来，我国高校在追求自身发展的同时，也始终致力于服务国家和社会。特别是改革开放以来，高校通过传播知识、推动技术革新和培育人才，为我国的社会主义现代化建设做出了显著贡献。从某种角度来看，无论是国家还是地方层面，当前的高等教育环境都呈现出动态多变的特点，高等教育的迅猛发展与社会的快速变化紧密相连，经济发展已成为推动高等教育发展的关键因素。在这一进程中，高校如何在快速发展的同时满足社会的新需求，持续提升服务社会的能力，并最大限度地激发其组织活力，是一个值得深入探讨的课题。

第一节　高校社会服务能力的构成

高校拥有的资源与能力，决定了其为区域发展提供的支持与服务。由于高校提供的社会服务产品具有即时性，且多以有偿服务的形式存在，因此高校作为社会成员参与市场竞争时，其提供的知识服务在消费过程中具有私人产品的特性。核心能力通常被视为组织独有的能力，具有不可替代性。高校的独特价值在于其教学与科研的结合，这种结合推动了高校技术范式和资源结构的内在整合，形成了高校服务社会的独特优势，构成了高校社会服务能力的核心。高校的社会服务能力是其在不断适应社会环境变化的过程中，对现有能力进行持续更新的结果，也是高校在发展过程中对社会各界需求的积极回应，以及面对快速变化环境时采取的应对策略。这种能力强调了对环境变化的适应性，即高校能够感知环境的变化，并主动适应这些变化调整自身的能力，这正是动态能力的一种体现。

高校的人才培养和科学研究为社会服务积累了资本。在动态复杂的环境中，教学与科研相结合的知识生产方式所塑造的技术范式和资源结构，构成了高校社会服务能力的基础，这可组成高校社会服务能力系统的静态力量子系统。高校为了适应环境的变迁和满足社会的需求，对现有的技术范式和资源结构进行整合、重构和优化，不断更新现有能力以紧跟环境快速变化，这种能力可组成高校社会服务能力系统的动态力量子系统。静态力量是高校社会服务能力形成的基础和先决条件，而动态力量则是高校社会服务能力发展和进化的核心机制。静态力量子系统的内部整合与动态力量子系统的外部整合共同作用，形成了系统的整体性，从而整体构成了高校的社会服务能力。

一　高校社会服务静态力量子系统

从静态层面看，高校社会服务静态力量子系统由技术范式和资源结构构成，分别对应技术能力和资源能力。

1. 技术能力

技能与能力的区别在于技能具有更强的针对性，通常与特定行业或领域相关联，具有专业性特征，并且经常与专业技能、专业技术等词语一起使用。技术是指人类理解自然界并对其进行改造的能力或技能。要深入理解高校社会服务能力结构中的技术能力，必须明确高校内部专业知识与专业技能的差异。根据联合国教科文组织 2011 年发布的《国际教育标准分类法》，高等教育旨在实现高度复杂和专业化的学习目标。高校是知识存储、传承和创新的关键场所，其主要优势在于知识生产方面[①]。"知识是高等教育系统中各种活动的共同要素：科学研究创造知识；学术工作存储、总结和完善知识；教学服务传播知识。"[②] 由此可见，专业知识是高校运作体系的核心，高校的所有活动都围绕专业知识展开，专业知识既是高校生产活动的原料和对象，也是其结果，贯穿高校生产活动的全过程。专业技能通常指的是通过持续练习能够完成特定任务的动作系统。高校不断练习的正是完成人才培养和科学研究的任务，在这些任务的反复完成过程中，重复的教学和研究动作形成了高校的专业技能。也就是说，专业知识是材料，研究和教学是高校主要的专业技能，也是技术能力的表征形态。

在社会经济活动中，技术通常代表着行业的门槛，而专有技术则是活动主体先天的竞争优势。高校参与社会竞争的逻辑

---

① 劳凯声：《智能时代的大学知识生产》，《首都师范大学学报》（社会科学版）2019 年第 2 期。

② 王承绪主编《高等教育新论——多学科的研究》，浙江教育出版社，1988，第11 页。

起点在于其将教学与研究相结合的生产运行机制，这为其服务社会的能力在技术方面确立了优势地位，构成了高校独特的技术范式。这种技术与一般意义上的教育技术和研究技术有所不同。实际上，高等教育中的教育技术和研究技术并不是孤立的，而是相互交织、并行发展的。在教学与研究相结合的生产模式中，教育技术和研究技术经过反复练习和分化形成了明显的外在特征，因此高校的教学技术是指与研究相结合的教学技术，而高校的研究技术也是指与教学相结合的研究技术。研究与教学之间的关系常被比喻为"源"与"流"：一方面，以往的研究成果经总结和推广，形成了不同的理论体系，成为今天的教科书知识，同时也构成了各个专业的教学内容；另一方面，进行科学研究必须以已有的知识为基础，而知识只能通过教学获得。在教育领域中，通过研究活动形成对教学活动的补充和提升是高等教育阶段特有的教学方式，教育学家朱九思认为，科研本身就是一种教学手段和教学方式，科研确保了教学所传播的知识的更新。反过来，在科学研究中，教学是对已有知识的反思，是巩固知识基础的过程。因此，高等教育的教学技术和研究技术不仅包括了一般意义上的内涵，还特指教学和研究相结合的独特生产方式，这也是高校独特的技术范式。高校的所有资源配置、管理流程、组织架构、运行机制都围绕这种生产方式自然形成，教学和研究相结合的技术范式也造就了高校技术能力的专属性。然而，由于经济社会对知识和科技的需求日益增长，从某种程度上说，高校在知识和技术创造方面的技能优势还无法及时满足外部需求，这使得其时常处于"需求无限而能力有限"的困境。

2. 资源能力

高校能够为社会提供什么服务，还取决于其掌握的资源。高校的社会服务产品具有私人产品的特性，能够直接消费并属于有偿服务，这反映了高校作为社会成员通过服务参与市场竞争的特征。能力学派和资源学派都认同，在竞争中具有价值性、稀缺性、不可替代性、难以模仿性的能力或资源，构成了竞争优势得以持续的基础。高校服务社会的竞争优势本质上源自其教学与科研相结合的生产方式的独特性，这种生产方式既是一种特殊的资源配置和整合方式，也是一种特殊的生产技术。在高校中，一旦确立了教学与科研相结合的生产方式，相应的资源投入也就随之确定。高校社会服务的资源能力指的是其在运用教学与科研相结合的生产方式时，资源结构自动构建以及资源配置与整合的能力。

高校的资源既包括人才、物资等有形资源，也包括内部机制、组织文化等无形资源。人才资源指的是高校的教学和科研人员，他们既是技术和知识的承载者，也是技术和知识的传播者，通过控制和消耗其他资源参与生产活动，因此，教学和科研人员本身也是重要的生产资源。可被其控制和消耗的资源称为生产要素，比如物资，这里的物资包括校园基础设施、教学设施设备、科研设备、教学经费、科研项目经费等。在高校的内部生产过程中，生产要素不会自发地配置到教学和科研相结合的生产中心，高校需要对生产要素进行配置和整合，建立合理的教研资源分配机制、学术评价机制、服务激励机制、成果转化机制、协同创新机制等，以实现资源能力与技术能力的最优化结合，完成知识服务的开发。同时，高校的社会服务是一个与企业、政府等多方主体频繁互动的过程，因此其需要建立对外沟通机制来畅通信息渠道，还需要构建社会需求挖掘机制和科研成果转化机制以更好服务社会，这些内部机制构成了高校的机制资源。组织文化影响着社会服务的方式和能力，高校的组织文化总体上属于协作参与型文化，即学术文化占据主导地位，其余文化与其协同发展，这形成了高校的文化资源。

二 高校社会服务动态力量子系统

高校的社会服务能力是涌现能力，这是指高校会在教学、科研、社会服务等活动中，通过内部资源的整合和外部环境的互动，形成新的服务模式、解决方案或创新能力，这些成果可能在单个部门或个人中并不明显，但在整个高校层面上却能够显著地体现出来。高校教学与研究技术构成了生产技术基础。教学负责知识的传播与普及，而研究则关注知识的运用与转化，二者的整合与融合赋予了高校知识集成的特性，成为高校服务社会的核心竞争优势。高校在人才培养和科学研究中形成的技术范式和资源结构是相对静态的，无法自动适应多变的外部环境。后者蕴含的信息复杂无序，要求高校必须识别和整合纷繁复杂的环境信息，并根据感知到的环境变化对静态的技术范式与资源结构进行重构与更新，这在很大程度上依赖高校的知识积累和适应性。动态能力源于创新性，而高校的知识集成特性极大地增强了其创新性，并提升了其对环境变化的敏感度。这体现在静态力量子系统对动态力量子系统的正向反馈速度上，动态力量子系统适应环境变化、从一个平衡状态过渡到另一个平衡状态的速度非常快，系统整体的运作始终朝着适应环境变化的方向发展，系统具备了"新陈代谢"的进化功能，最终在整体上形成了高校的社会服务能力。

动态力量子系统积极适应环境变化，将环境的压力和刺激传递给静态力量子系统，二者共同整合、重构、优化技术范式与资源结构，形成新的技术范式与资源结构，推动系统与外部环境的耦合。在这一过程中，组织知识发挥着主导作用。组织知识是指导组织行为和活动的原则、观念、思维等隐性知识与组织可获得的显性知识的结合。这种结合成为高校内部的组织惯例和学术惯例。惯例是指在组织成员的专业技能和知识的基础上形成的内部交往方式。从专业技能和知识的角度来看，高校服务社会的技术能力由教学和研究两大专业技能的技术形态构成。高等教育系统是由生产知识的群体构成的学术组织，这些由个体动态组成的群体的知识水平、工作技能和经验等都会对技术能力产生影响。专业技能是对专业知识的具体化应用，是高校服务社会的技巧和专长。高校将人才培养活动中积累的教学技能通过市场化机制转化为教育辅助服务，将科学研究活动中形成的研究技能转化为知识生产服务，二者共同构成高校为社会提供的服务。

第二节　高校社会服务能力系统驱动机制

一　高校社会服务能力系统运行的外在驱动力

高校作为知识传承与创新的高地，在促进个人成长和社会进步方面扮演着愈发关键的角色。人们渴望掌握更广泛、更深层次的知识，这不仅有助于个人发展，也能使其在社会发展中占据有利地位。在正规教育体系中，高等教育与中小学阶段的内向型教育有所区别，它标志着学生步入社会的过渡阶段，是内向型教育与外向型教育的和谐统一。换句话说，高校不仅能够提供内向型教育，也能够提供外向型教育。

劳动力市场分割理论指出，教育是个人进入主要劳动力市场的钥匙，那里收入较高、工作条件较好、社会福利有保障，而教育水平较低的个人只能进入风险较大且不稳定的次要劳动力市场。因此，为了提升在劳动力市场中的竞争力、获取更高的收入，个人必然会产生继续教育以提高学历的需求。此外，个人的技能和专业知识对于提高组织绩效具有显著的促进作用。基于提升绩效的考量，企业、政府和其他社会组织对于提升其成员的专业知识和技能也有着迫切的需求。在快速变化的市场环境中，无论是个人还是组织，都希望通过自我增值来提高收入或绩效，这种需求强化了高校外向型教育功能，成为其提供社会服务的重要推动力。

在经济学理论中，创新往往源于区域内创新主体之间的互动和需求。在竞争的推动下，高校在提供社会服务时不断强化竞争优势，面对经济和社会问题时，通过持续学习、调整做出选择和决策。在与区域经济社会其他成员的互动中，高校通过知识和信息的生产与传播，形成自身的发展路径。作为新知识和新思想的集散地，高校是区域创新体系中的关键参与者，其科学研究资源和技术体系能够迅速转化为具有竞争力的技术输出，这些新知识和新思想在区域创新体系中成为具有竞争属性的"私人产品"，科学知识的商业化潜力成为高校提供社会服务的另一驱动力。

二 高校社会服务能力系统运行的内在驱动力

依据核心竞争力理论，核心竞争力是组织独一无二的能力，表现为多种技术和知识的综合体，具有不可复制性、独特性和持久性。高校是掌握和控制高深知识与方法的社会机构，从某种角度来看，高等教育的出发点是"高深知识"。高校的高深知识来源于教学和科研的内在结合，这种结合方式构成了高校的独特性。此外，从市场行业分化的角度来看，高校是教学和科研功能有机结合的组织，跨越了教育和科技两大专业领域。其生产的教育服务产品和科技服务产品并不是简单的教育服务产品对应教育市场，科技服务产品对应科技市场。两种产品并非没有联系，而是在生产过程中就实现了教学和科研的有机统一，实现了资源共享和机制共享，职能上互为补充、相互强化，只是外在表现为两种独立的活动路径和行业归属。

市场上虽然存在单独的教学组织和单独的科研组织，但能够将二者的优势结合并实现有机统一的只有高校，这构成了高校独特的组织优势。首先，这种双功能互补的组织内在的资源共享机制，使得其在市场环境下输出的社会服务产品更加有性价比，这能够有效转化为高校参与市场行为的竞争优势。其次，从服务产品供给的广度和深度来看，教学功能是一种知识生产和转移的功能，而科研功能则是一种更具创新能力的集知识生产、转移、应用于一体的知识集成功能，二者的结合使其在知识创造过程中拥有组合优势，使高校成为知识生产、转移和知识运用系统化的有机整体，在知识产品的输出上更具创造力和竞争优势，使其比单一的知识生产体或单一的知识转移、应用主体更具优势。

同时，组织优势转化为竞争优势后，高校得以找到自身在社会经济、政治、文化子系统中的定位，发现其应扮演的社会角色。社会成员对高校拥有高水平知识的认识确定了高校对于社会成员高品位的有用性，这种有用性在特定环境下转化为具体的需求。高校将已有的资源要素和技能围绕特定的目标在不同领域、不同场景中整合、重组、配置和运用，形成不同高校社会服务能力的外显形态。

第三节　高校社会服务能力的形成

众多学者基于各自的视角，对高校组织和功能的演化进行了深入探讨。有学者在《高校与未来》中写道："高校在与它为之服务的社会关系中，有两个重要问题决定着高校的命运，首先是高校适应社会需求的能力，其次也是最为关键的是，高校有无能力超越纯粹被动地对社会的适应，走向世界舞台的中心，真正发挥创造和革新的作用。"[1] 罗伯特·伯恩鲍姆（Robert Birnbaum）指出，高校松散联合的组织特征主要表现为模糊性、控制二重性、权力非制度性、层级混乱性[2]。

---

[1] 邓琼：《基于 CAS 理论的高校社会服务能力涌现机理研究》，博士学位论文，湘潭大学，2021，第 80 页。

[2] 黄福涛：《大学治理模式演变与国际发展趋势》，《清华大学教育研究》2024 年第 1 期。

一 高校组织的特性

在 20 世纪 70 年代和 80 年代，一些学者通过集体的学科建设模式奠定了高等教育学的基础，此后，众多高等教育的从业者和理论家从各自的视角出发，对高等教育学提出了不同的洞见。在这种多元化的观点中，学界对高等教育机构办学的双重权力逻辑却达成了广泛的共识。《中华人民共和国高等教育法》通过法律形式确认了高校的办学自主权，以防止政府的任意干预。这里的"自主"是相对于政府而言，并非指社会和个人。通过立法确立高校办学自主权，就已经表明了中国高等教育机构的特殊性，这种特殊性说明高校权力容易受到政府权力的影响。高等教育机构的立足点在于学术，对学术自由的追求是高等教育机构的基本需求。然而，高等教育资源的分配权掌握在政府手中，政府的决策在办学实践中是关乎高校生存和发展的关键因素。因此，在高等教育机构内部，始终存在两种力量的较量，一方面是高等教育机构内在的学术追求和本能需求，另一方面是外在的政府规定和现实需求，这导致在高校系统中，行政权力和学术权力并存，而这两种力量在共存的同时，也进行着不断的博弈。

在行政管理的框架下，高等教育机构被视为政府行政权力的扩展，其宗旨是通过层级化的权力结构来执行政府在高等教育服务方面的意志。在机构内部，学院和系部作为基层的下属单位，面对学校整体的利益和目标时，首先要做到的是控制和服从。然而，从学术的角度来看，学院和系部是学校内部相对独立的运作单元，它们应拥有相对平等和自主的决策权。因此，在实际操作中，行政权力逻辑和学术权力逻辑可能会带来因立场不同而产生的冲突。但是，基于高等教育机构的学术本质，当两种逻辑发生冲突时，行政权力逻辑应当尊重学术权力逻辑，因为在这两种逻辑的互动中，以学术权力逻辑为尊的理念突出了高等教育机构的学术性特征。作为公益性质的事业单位，我国高等教育机构承担着国家教育事业的义务和责任，但在特定阶段中，其具有独特的组织特性。在社会主义教育制度视角下，教育组织的目标和定位多元且不明确，缺乏技术上的清晰性。

在高等教育机构内部，存在两种截然不同的组织特性，即以知识体系为核心的学术特性和以科层体制为核心的层级特性。学术特性遵循学术自由的原则，抵制明显的行政干预，倾向于包容和开放的自主性空间，追求创造性的知识活动；而层级特性则强调通过权威建立等级制度、划分职责和权力范围，反对组织的个性化，追求效率和层级优先的价值目标。学科是高等教育机构的基本组织单元，作为高等教育机构组织构建的起点，学科既是核心元素也是基本单位。学科以专门的知识体系为界限，而学术工作者是专门知识的承载者。因此，高等教育机构学科的构建、完善和发展等组织变化是通过学术工作者的聚集、流动和分散来实现的。高等教育机构的学术工作者追求的是学术上的成就，由于知识体系具有一定深度和专业性，学术工作者的成功主要取决于同行评价，即其学术风范和成就能否得到同行的认可与其对组织的忠诚度关系不大。因此，在高等教育机构系统中，人才流动是常见的现象，学术工作者与机构的雇佣关系通常以服务期来约定，更确切地说，学术工作者会在某一研究阶段与某机构的学科建立合作关系。正是由于学术工作者的自主性行为和学术自由原则，高等教育机构具有松散联合的组织特性，符合韦克（Weick）的"松散结合系统"理论。

尽管高校组织具有科层组织的属性，但作为具有专业性质的社会组织，其核心能力依旧突出学术性。科层体制强调通过层级化的方式进行信息传递、控制和反馈，以实现政府意志在高等教育机构中的贯彻，以及高等教育资源在这些机构中的分配。如果将政府分配的资源比作原材料，那么学术单元（学院或系部）就是对这些原材料——知识性生产资料进行"生产"和"加工"的"车间"。高等教育是教育事业发展的一个阶段，它有明确的任务和发展目标，需要有实际的高等教育产出作为支撑。与以管理活动为主导的行政系统或其他以生产活动为主的社会组织不同，高等教育机构的学术活动是一种独特的知识生产活动，这种知识生产活动具有高度的个人化特征，生产过程本身相对独立且完整，展现出自我组织的组织特性。在高等教育机构服务社会能力的形成和发展过程中，学术主体力量广泛分布在组织的基层，形成一种自下而上的动力，自主地在高等教育机构的知识创造体系中不断集聚，并成为其服务社会能力的主要来源。

二 知识是形成高校社会服务能力的基础

1. 高校是知识型劳动者的培养和加工场所

当我们从历史的角度审视社会生产的变化时，人类劳动方式的演进是其关键特征。知识的生产活动转变为人类基本的劳动形式和中心主题，这是知识经济时代与过去几千年物质生产时代的根本区别。在知识经济时代，我们在强调知识重要性的同时，必须深入分析知识主体与知识体系的动态关系。

一些国际知名学者将劳动视为与土地（自然资源）类似的"初级生产要素"，这种观点显然削弱了作为知识主体的人类的作用。如果知识资本不受人类控制，那可能会引发经济社会结构的严重失衡甚至社会灾难。因此，知识经济时代的生产活动虽以知识型劳动为特征，但其本质仍是人类的劳动，即知识劳动。知识劳动具有高度的个体性特征，个人的生理、心理和认知结构直接影响其从事知识劳动的特点和效率。因此，知识劳动的核心在于劳动者本身，知识型劳动者是知识劳动的核心载体，其特征决定了知识劳动的特征。

高校是知识资源的集合体，在不同的时代，其知识生产活动有不同的内容和特征。从人类社会的发展史来看，高校的发展和变化与知识在社会生产中的作用和地位密切相关。知识从未脱离社会生产的范畴，但在工业革命之前的生产阶段，人类知识的积累和发展极其缓慢，而且在生产中，有限的知识和经验与劳动本身直接相关，并未发展成为与劳动分离的独立力量。直到大工业将科学作为一种独立的生产能力与劳动分离，资本主义的生产方式创造了大量剩余产品和自由时间，知识生产才获得了发展的物质基础。之后，科学发现和发明成为一种职业，社会出现了专门从事政治、法律、国家管理以及文学、艺术、宗教等精神活动的知识型劳动者，知识生产由此成为历史舞台上的一种相对独立的劳动形式，服务于社会的精神生活和物质生活。当社会出现了专门从事政治、法律、国家管理以及文学、艺术、宗教等精神活动的知识型劳动者时，高校的雏形开始孕育，那时的高校是培养这类劳动者的场所。大工业是迅速吸收和应用知识与技术的"装置"，对知识和技术的发展产生了巨大的推动作用。在短短两三百年的时间里，社会生产力迅速转变为以知识活动为基础的社会智力。社会对知识和技术的全方位追求，尤其是对其应用于实际的渴望，使知识在高校内部演化出了科学研究的生产形式。随着社会分工的进一步扩大，纯粹精神生产的物质条件进一步成熟，精神生产与物质生产相分离，科技革命和知识经济快速发展，这使知识劳动取代了直接生产劳动的主导地位，知识型劳动者成为社会生产的主要力量。社会对知识型劳动者的巨大需求促使高校这个知识型劳动者的"制造商"在知识演化进程中扮演越来越重要的角色。

2. 高校是知识型生产资料的集合体

高校作为专门从事知识生产和培育知识型劳动者的机构，不仅致力于知识型劳动者的培养和塑造，而且作为知识型生产资料的最高级形式，它位于知识型生产资料价值链的顶端，这为其直接参与社会生产提供了优势和条件。知识型生产资料包括高等教育机构在培养和塑造知识型劳动者过程中积累的丰富知识和物质化的知识手段，以及参与知识生产活动的个体。由于高等教育机构的自身活动也是知识劳动，参与这些活动的个体也是能够参与社会生产活动的知识型劳动者，因此从市场的角度来看，高校拥有的知识型劳动者和丰富的知识型生产资料为其直接参与市场活动创造了条件，并且由于这些资源的结合，高校在市场竞争中拥有强大的知识集成优势。

　　一方面，知识劳动具有高度的个体性特征，杰出的个体在特定条件下能够做出超出常人的突出贡献，这对社会知识的创新、发展和应用具有重大且不可替代的意义。

　　另一方面，知识型生产资料在社会生产中占据主导地位。随着知识经济时代的发展，人类使用的产品不仅是个别劳动的结果，而且是高度发展的社会知识和智力（包括先进的技术和设施）多方位整合应用的结果，是高度个体性与高度社会性相结合的大量知识劳动的间接成果。

　　高校中劳动者、劳动资料和劳动对象通过知识实现了统一。劳动者是特殊的知识型劳动者，其特殊性也体现在劳动对象的独特属性上。通常，知识型劳动者的劳动是对自身知识的运用，其劳动过程会消耗知识并积累个体经验。而高校的知识型劳动者的劳动对象也是知识，但劳动过程只会创造和积累知识。一般来说，知识型劳动者的劳动过程涉及生产资料，包括劳动资料和劳动对象两部分，而与一般物化的劳动资料不同，高校的知识型劳动资料在知识型劳动者的创造性劳动过程中不仅没有被消耗，反而会不断累积形成新的物化的生产工具和探索知识的新方法，知识型劳动资料随着劳动者的创造性劳动不断积累和更新，提高了生产要素的质量，丰富了生产资料的内涵。高校知识型劳动者的劳动对象正是社会所需的知识，其创造性劳动过程体现在对劳动对象知识的挖掘、提升和创新中。因此，当高校直接参与市场活动时，其劳动者、劳动资料、劳动对象均具有知识性特征。这三位一体的优势，是其社会服务能力的根本来源之一。

三 创新是形成高校社会服务能力的关键

经济学家约瑟夫·熊彼特（Joseph Alois Schumpeter）在1912年首次提出了创新的概念，认为"创新意味着执行新的组合，它包括了从引入新产品到采用新的工业组织形式等五个方面"①。从经济学视角来看，高校作为人类社会知识和技术的宝贵源泉，以及人类文明传承和创新的关键载体，在人类创新体系中占据着核心地位。创新是高校的天职，而创新能力是其固有的禀赋，因为这种能力的根本在于知识的创造力。知识是创新的源泉，高校则是社会的智库。知识作为高校生产的劳动对象，与物质生产的消耗特性不同，知识生产过程中所使用的知识是不确定的、非重复性的，并且在生产过程中不仅不会被损耗，反而会累积并展现出高度的智力资本特征。

马克思在探讨不同经济形态的特征时指出，经济时代的不同不在于生产的内容，而在于生产的方式，即用什么工具和方法来生产。换句话说，区分各个经济时代的是生产方式，而非生产本身的表现。马克思进一步认为，生产方式是生产力和生产关系的统一。将教学与研究相结合，可以视为高等教育机构的知识生产方式，它代表了高等教育机构的生产力和生产关系。因此，要理解高校社会服务能力，本质上需要研究其知识服务于社会的生产力水平和程度，这可以通过检视高校的知识生产方式来实现。高校的知识生产方式具有两个显著特征：一是其深奥性，其生产过程中的劳动对象是知识，整个过程都以

---

① 〔美〕约瑟夫·熊彼特：《经济发展理论》，郭武军、吕阳译，华夏出版社，2015，第6页。

知识为核心，生产力水平可以通过知识的产出进行衡量；二是其专有性，教学与科研的结合是高校独特的运作模式，这种结合构成了高校知识生产方式的专有特征。正是由于高校知识生产方式的深奥性和专有性，高校才在服务社会时占据了中心位置，发挥着引领和创新的作用。高校创造新思想和新知识的创新能力是其服务社会的独特资源，其创新能力包括创造思想、应用思想以及将思想商业化的能力。作为知识的高地，高校汇聚了不同学科和领域的知识资源，通过不断投入知识型生产资料和持续的知识生产活动，形成了知识的量化积累和质化提升，不断催生新思想，使其成为社会创新的关键力量。创新已成为高校独特的气质和标识。在科技创新推动社会发展的今天，高校的创新能力成为其服务社会的重要推动力。

第四章 地方高校服务区域高质量
发展能力评价

耶鲁大学校长理查德·雷文（R. Levin）认为："大学可以以多种方式服务于社会，具体包括基础研究、人才培养和履行好机构性公民的义务等。"① 潘懋元先生认为："高等教育的本质是人才培养，其功能是服务社会。"② 大学针对社会所进行的人才培养、科学研究、狭义社会服务、文化传承创新和国际交流合作等都是在为国家和社会的发展做积极的贡献，都是在为人类文明发展的进程服务，其全部五项职能都归为"社会服务"。因此，地方高校服务区域发展是典型的广义社会服务范畴。地方高校服务区域发展能力评价的过程可以划分为评价方法选取、评价指标体系构建、评价模型构建和评价模型检验等四个阶段。

---

① 〔美〕里查德·雷文：《大学如何服务于社会》，《国家教育行政学院学报》2006 年第 9 期。

② 何文晓：《高等教育合理存在的哲学基础——兼论高等教育哲学的政治论与认识论》，《教育观察》（上旬刊）2013 年第 8 期。

第一节　地方高校服务区域高质量发展能力评价方法的选取

社会服务能力评价研究目前最常用的评价方法主要是层次分析法，通过构建指标体系和设置权重，对评价目标即高校社会服务能力进行定量评价。

一　网络层次分析法概述

网络层次分析法（Analytic Network Process，ANP）诞生于1996 年，是由美国著名运筹学家托马斯·L. 萨蒂（T. L. Saaty）提出的，由层次分析法（AHP）延伸发展得到的系统决策方法。层次分析法是一种将决策问题分解为不同层次的方法，它结合了定性和定量分析，广泛应用于系统决策。该方法根据总目标、子目标以及评价标准构建一个层次化的分析框架。然而，层次分析法主要针对具有独立递阶层次结构的问题，它强调决策层之间的单向影响，即下层对上层的作用，同时假设同一层次内的元素是相互独立的。这种假设虽然有助于简化系统内部的元素关系，但也限制了其在处理复杂系统时的适用性。实际上，在许多情况下，不同层次的元素之间往往存在相互依赖的关系，而且较低层次的元素也可能对较高层次的元素产生影响。在这种情况下，系统的结构更像是一个网络，而非简单的层次结构。网络层次分析法正是满足这种需要的系统决策方法。

网络层次分析法是一种适用于非独立递阶层次结构的系统决策方法，它通过类似于网络的结构来表示系统内部各元素之间的关系，从而超越了传统的简单递阶层次模型。这种方法能够更精确地捕捉客观实体间的相互作用，提供了一种更为高效和实用的决策途径。

在网络层次分析法中，系统元素被划分为两个主要部分。一是控制层，它涵盖问题的目标和决策标准。这些决策标准被假定是相互独立的，并且仅受目标元素的影响。控制层中每个标准的权重都可以通过层次分析法来确定。二是网络层，由所有受控制层支配的元素构成，这些元素之间存在相互依赖和相互影响的关系。在这种结构中，每个标准所支配的不再是单一的、内部独立的元素，而是一个复杂的、相互依存的网络结构。网络层次分析法的应用分为以下三个步骤。

第一，问题解析。对决策问题进行深入的系统性分析，明确评价的目标和标准，构建元素及其集合。在此过程中，需要评估元素层次是否具备内部独立性，是否存在内部依赖和反馈机制。同时，还需区分哪些是评价标准，哪些是具体元素。该问题的分析方法与层次分析法基本相似。

第二，构造网络结构。不同于 AHP 的线性层次模型，ANP 运用的是一个更为灵活的网络模型，它不仅能够体现单纯的元素集网络，还能融合层次结构与网络结构的特点。在 ANP 的标准构造中，包含两个主要部分：控制层和网络层。控制层遵循 AHP 的层次模型，旨在设定决策的目的地和评估标准；而网络层则囊括了所有由控制层管理的元素，需要对每个元素集进行分类，并探究它们的网络构造及其相互之间的影响。在实际决策情境中，元素集之间普遍存在依赖性，这种依赖性是由集合内单个元素间的相互作用决定的，即便只有一对元素在两个集合间存在影响，这两个集合也被视为是相互依赖的。

第三，计算极限超矩阵得到指标权重。通过成对比较法对各元素集进行相互评价，并据此确定其权重。对每个元素集内部及其与其他元素集相关联的元素进行逐一比较，以此来计算各个判断矩阵的相对重要性权重。据此计算出未加权和加权的超矩阵，并进一步求解极限超矩阵，最终确定各元素相对于评价目标的权重。

二 网络层次分析法的适用性分析

层次分析法（AHP）和网络层次分析法（ANP）都是解决复杂决策问题的方法，它们在很多方面有相似之处，但也有明显的区别（见表4-1）。

表4-1 层次分析法与网络层次分析法的比较

维度	层次分析法（AHP）	网络层次分析法（ANP）
结构模型	采用递阶层次结构，其中各层次的元素相互独立，每个元素对上层元素的影响都是单向的，即下层对上层的影响	使用网络结构模型，允许元素间相互依赖和反馈，可以表示更复杂的系统，其中元素可以对其他任何元素产生影响，包括对上层元素的影响
适用性	适用于决策问题可以明确地分解成有序层次结构的情况，且假设每个层次内的元素与其他元素相互独立	适用于元素之间存在相互依赖和交叉影响的复杂决策问题，能够处理元素间的非独立性
决策过程	包括建立层次结构、构造判断矩阵、计算权重、一致性检验和合成权重等步骤	包括建立网络结构模型、构建超矩阵、计算权重、一致性检验和合成权重等步骤，其中超矩阵是ANP的核心概念，用于表示元素间的复杂关系

续表

维度	层次分析法（AHP）	网络层次分析法（ANP）
一致性检验	一致性检验通常针对单个判断矩阵进行	一致性检验更为复杂，因为需要考虑网络结构中所有元素的相互作用
权重计算	通常是通过求解判断矩阵的特征向量来完成	涉及超矩阵的运算，通常比AHP更为复杂
灵活性	灵活性有限，因为它要求决策问题具有清晰的层次结构	更加灵活，可以适应各种类型的网络结构，包括循环和复杂的反馈关系

总的来说，ANP 在处理更复杂的决策问题时有更强的灵活性和适应性，但同时也使计算更加复杂。而 AHP 则在处理结构清晰、层次分明的决策问题时更加简单和直接。

评价地方高校的社会服务能力是一项错综复杂的系统工程，涉及地方高校社会服务能力的各项指标，它们构成了一个内生联系、相互制约的复合体系。在构建评价指标体系时，指标之间的依赖性是普遍存在的，寻找完全独立的评价指标是不切实际的。有鉴于此，与层次分析法相比，采用网络层次分析法来构建评价地方高校社会服务能力的模型，是一种更为严谨和适宜的方法论选择。

第二节　地方高校社会服务能力评价指标体系构建

地方高校社会服务能力受到多种因素的影响，仅从单个指标考虑会造成评价的片面性，为此需要建立包含多个指标的综合指标评价体系，以克服单个指标评价带来的局限性。

一 指标体系构建原则

确定评价准则是构建完整评价指标体系的基础，它体现了评价的指导原则和理论基础。为了确保评价结果能全面、客观、准确地映射我国地方高校的服务能力、层次以及它们在社会服务方面的现状和未来发展趋势，构建地方高校社会服务能力的评价指标体系时应当遵循以下原则。

1. 科学性

评价活动是评价者对被评价对象所提供服务价值实现程度的度量和分析，目的是进一步改善被评价对象的服务流程。构建一个科学的指标体系是确保评价结果的准确性和合理性的关键。对某一对象的价值评估在很大程度上依赖于评价标准和程序的科学性和合理性。在构建地方高校社会服务能力评价指标体系时，首先要考虑每个因素及整体的科学性，确保指标在选择上的规范性，包括名称、定义、包含的内容、计算范围和计量单位；其次在确定指标体系的权重时，要充分考虑地方高校服务社会的特性，强调社会服务的重点，并科学地进行权重的计算和分配。在构建指标体系时要遵循以下思路。

（1）层次性与系统性相结合

一个合理且高效的评价指标体系应当同时具备层次性和系统性，这是深入分析系统复杂性的先决条件。它不仅能够清晰揭示不同评价标准下的评估要素，而且还能减少同类指标对评价结果影响的重叠。

（2）数量与质量相结合

数量是质量的基础，有一定数量的积累才能有质的飞跃。

对地方高校社会服务能力进行评估需要实现数量与质量的统一，既要考虑量的规模，也要注重质的提升。目前，高校的社会服务工作仍存在一些问题，例如高校每年产出的科技成果和发表的论文数量可能位居世界前列，但在引用率或社会实际问题的解决能力方面，高质量的原创性成果却相对较少。数量与质量是相辅相成的，过分关注数量可能会引入功利主义的价值取向。在关注数量的同时，也应关注成果中有多少能够真正解决社会问题，以及有多少是原创性成果。缺乏经济价值和社会效应的研究成果最终可能被忽视。在构建评价指标体系时，既要考虑必要的数量指标，又要考虑质量指标。

（3）可获取性与可操作性相结合

可获取性指的是指标体系中的数据容易收集或通过简单计算可以得到，这是实现可操作性的前提。可操作性意味着在评估地方高校的社会服务能力时，其价值取向、评价标准和方法等都合适，并且简单可行，指标可以通过简单的数学运算进行量化。考虑到不同地区高校的社会服务情况存在差异，指标体系的构建应综合考虑区域差异。评价指标的确定应有一定的依据，真实反映被评价对象的基本情况，确保评价的公正合理。

2. 导向性

构建社会服务能力评价指标体系的核心目的在于引导地方高校关注社会需求，识别并强化其服务领域的薄弱环节，避免追求超出自身能力范围的服务，确保地方高校根据自身的办学定位实现有序和有深度的发展，从而促进高等教育的多元化发展。因此，在构建指标体系时，需要强调社会导向性，以社会需求为起点和终点，指导高校在教学、科研和社会服务三个方面明确社会服务的角色，超越将社会服务视为教学或科研辅助的传统观念，从高校的内涵建设和外延发展的角度重新评估社会服务工作的重要性，并将其融入高校的实际运营中。

此外，指标体系的建立还需基于对当前社会发展趋势的深入分析，与国家提升高校社会服务能力的政策保持一致。在服务范围内，高校应致力于产出高质量的科研成果，并将这些成果应用到实践中，促进社会形成尊重知识和人才的氛围。

二 指标体系的建立

经过对国内外学者关于高校社会服务能力评价的文献整理和对其评价指标体系的汇总分析，归纳合并相似项后，本书共提炼出3个评价维度和56个具体观测指标（见表4-2）。在这些观测指标中，与人才培养能力相关的有12个，覆盖师资队伍、学科建设、教育层次和经费投入等多个方面，全面覆盖高校人才培养的关键环节，既包括反映人才培养规模的数量指标，也包括反映人才培养质量的质量指标。在所有观测指标中，属于科学研究能力评价范畴的有13个，主要涉及论文发表、科研项目、科研获奖和科研平台等方面，其中以论文发表的指标数量最多。在所有评价维度中，狭义社会服务能力维度的观测指标最为丰富，共有31个，包括科技成果转化、信息咨询服务、社区服务和继续教育等，其中科技成果转化和信息咨询服务是高校社会服务的重要组成部分。这些观测指标可以为构建全面、科学、合理的高校社会服务能力评价指标体系提供参考和依据。

表 4-2　高校社会服务能力评价指标汇总

评价目标	评价维度	观测指标
社会服务	人才培养能力	师资队伍：专任教师数、两院院士等杰出教师数或占比、生师比
		学科建设：国家重点学科数、特色专业数、重点专业比例
		教育层次：在校生折合数、毕业生折合数、毕业率、毕业促进度、就业率
		经费投入：生均培养经费
	科学研究能力	论文发表：发表论文数、师均发表论文数、高被引论文数、高被引科学家数、论文被引次数
		科研项目：师均科研项目数、承担科研项目数、高等学校出版科技著作数量
		科研获奖：顶尖获奖数、高校科技成果获奖数
		科研平台：国家级或省部级重点实验室数、共建校企技术开发中心数、共建校企博士后流动站数
	狭义社会服务能力	科技成果转化：国际发明专利授权数、科技成果转化收入总额、R&D 成果应用及科技服务人员数、R&D 成果应用及科技服务经费额、高校 R&D 成果应用及科技服务项目数、技术成果转化量、科研社会回报率、科技服务收益、大学培育高新技术企业数、大学科技园区企业年产值、校办企业产值
		信息咨询服务：提供政府咨询服务次数、企业管理和技术咨询次数、社科和网络信息服务次数
		社区服务：科普知识宣传次数、参与公益志愿者活动师生数量、参与"三下乡"服务活动师生数量、参与文化服务师生数量、附属医疗机构接诊人数、附属中小学校数量、幼儿园学生数量、图书馆藏书量、实践与服务平台个数、实验室图书馆对外开放次数、体育场馆使用率、设施使用满意度
		继续教育：在职培训人数、参加培训的教师数、干部培训人数、公务员培训人数、农民培训人数

通过对现有指标体系的梳理发现，当前的一级评价指标主要囊括了人才培养能力、科学研究能力以及狭义社会服务能力。狭义社会服务能力通常包括科技成果转化与信息咨询服务等方面。尽管不同研究者在二级指标的选择上存在差异，但现行的指标体系仍存在若干不足之处，具体表现在以下两个方面。

第一，在指标体系中，未包含文化传承与创新以及国际交流与合作这两个维度的指标。究其原因主要是，国家在近几年才明确将文化传承与创新、国际交流与合作作为大学的核心职能，这方面的研究较为缺乏。此外，由于这两个维度具有较强的主观性，且难以量化，因此，其对应二级指标的选取是一个比较困难的工作。

第二，部分二级指标过于狭隘和具体，其选择过程缺乏充分的科学依据，导致构建的指标体系存在显著的不平衡性。此外，现有的研究大多集中在国内特定大学或特定类型的大学，缺乏能够普遍适用的评价维度和指标体系。

在综合考虑目的性、完备性、可操作性、显著性和中国特色的基础上，本书对汇总的指标进行了初步筛选，并在结合评价目标实际情况的基础上对指标体系进行进一步修改、合并与完善，最终形成一个具有 4 个一级指标和 13 个二级指标的社会服务能力评价指标体系。

1. 人才培养能力

人才培养是高校的基础和主要职能，对于一所大学而言，其人才培养的成效是衡量该大学社会服务能力的关键指标。学生是人才培养成果的直接体现，大学毕业生或在校生的数量与质量是评估教育产出的关键指标，不仅能够反映学校完成教学任务的程度，而且能够体现高校对社会发展的贡献度。换言之，人才培养的规模和质量与高校的教育产出呈现正相关性，即规模和质量的提升意味着更多的教育产出。只有实现质量、规模、结构和效益的协调发展，才能确保教育规律的正确遵循和办学的科学性。

鉴于地方高校的自我定位和所在区域的发展水平存在差异，不同地方高校在人才培养的类型和规模上会有所侧重。在评估地方高校的人才培养能力时，本书设计了5个二级指标。

（1）毕业生折合数

毕业生折合数是反映高校每年向社会输送高质量人才数量的指标，它是高校人才培养成效的关键衡量指标。在本书中，所涉及的在校学生群体涵盖本科、硕士和博士三个教育层次，并未将专科生和独立学院学生纳入统计范畴。依据高等教育机构普遍采用的学生折合数计算方法，毕业生折合数的计算方式如下：

$$S = C \times 1 + B \times 1.5 + A \times 2 \tag{4-1}$$

其中，S 为毕业生折合数，A 为毕业博士研究生数，B 为毕业硕士研究生数，C 为毕业本科生数。

（2）生师比

生师比指在校学生的折合总数与专职教师人数的比值，这一指标能够在一定程度上反映出高等教育机构的办学质量和人才培养成效。通常来说，生师比较低意味着每位教师所指导的学生数量较少，从而可能带来更好的人才培养效果。本书生师比的计算方式如下：

$$R = F/T \tag{4-2}$$

其中，R 为生师比，F 为全日制学生折合数，T 为全职教师数。由于不同教育层次的学生对教学资源的需求不同，统计时需对学生人数进行加权处理，参考通行的高校学生折合数计算方法：在校生折合数=在校本科生数×1+在校硕士研究生数×1.5+在校博士研究生数×2。全职教师包括所有承担教学任务的教授、副教授、讲师等。

（3）生均培养经费

培养经费是高等教育机构为实施教学活动、提升教育质量、促进学术研究及支持学生发展等所投入的资金。培养经费是大学办学的物质基础，对于保障教学和科研工作的顺利进行至关重要。培养经费不仅影响学校教学设施、实验设备的更新与维护，也关系到师资队伍、课程资源的建设以及学术研究的深度和广度。

作为衡量办学质量的重要指标之一，培养经费的投入规模和使用效率直接体现了大学对于人才培养的重视程度。一般来说，较多的培养经费投入意味着学校能够为学生提供更加优质的教育资源。本书生均培养经费的计算方式如下：

$$E = T/S \tag{4-3}$$

其中，E 为每个学生平均分配到的培养经费，T 是总培养经费，S 是学生总数。

（4）国家级教学名师数

国家级教学名师长期从事基础课程教学，具有较高的学术造诣，教学水平高、教学成效显著，他们在提升大学教学质量方面发挥着至关重要的作用。因此，一所高校拥有的国家级教学名师数量不仅反映了该校教师队伍的整体水平，也是衡量其教学质量的重要指标之一。

（5）国家级教学成果奖数量

国家级教学成果奖是我国在教学研究及实践领域颁发的最高荣誉，每四年进行一次评审，奖项分为三个等级：特等奖、一等奖和二等奖。获得这些奖项的项目必须在教育教学理论和实践中有显著的创新和突破。国家推行教学成果奖励计划是贯彻科教兴国战略、推进人才强国战略以及落实立德树人根本任务的关键措施，同时也是对教育机构在人才培养和教育教学改革方面所取得成就的一次重要评审。

因此，国家级教学成果奖数量成为衡量高等院校人才培养质量的关键指标之一。这一指标不仅反映了高校在教学领域的创新能力和实践水平，也是评价高校整体教育质量的重要参考。

2. 科研创新能力

高校作为国家创新体系的重要组成部分，在科学研究方面的职能对于推动科技与社会的快速发展具有决定性作用。高校的科研工作不仅包括知识的创造和技术的发明，还包括通过培养人才和将科研成果应用于教学中，提升教学服务的质量。科学研究不仅能够为社会提供服务、为人类带来福祉，也是提高教育教学水平和培养人才的重要途径。这种双重作用是高校与其他科研机构的主要区别。衡量一所高校的科学研究水平通常可以选择以下两个指标：科研成果和科研经费收入①。科研成果是衡量高校在自然科学、工程技术、人文社会科学等领域内科技活动成果的指标，这些成果应具有一定的学术价值或应用前景，特别强调学术价值和技术进步的程度。科研经费收入反映了高校在探索新领域和研究前沿话题上的价值，通常来说，纵向项目经费的总额越大，越能体现出该项目的重要性和科研水平。本书评价科研创新能力时，既考虑科研成果的数量，也考虑科研成果的质量和影响力。

（1）论著发表数

论著发表数反映了一所大学科学研究的规模和科研产出的能力。近年来，随着国家实力的增强，对科研的投入和重视程度不断提升，高校作为科技创新的主力军，得到了更多的国家资助，科研成果丰硕，特别是在"论文发表"方面的成果显著，SCI 论文数量在国际学术界的表现也十分突出。本书中论著发表数指标包括高质量论文数和专著出版数，高质量论文包括本校师生发表在 SCI（科学引文索引）、SSCI（社会科学引文索引）、EI（工程索引）、CPCI（国际会议录引文索引）、A&HCI（艺术与人文科学引文索引）、CSCD（中国科技期刊引证报告）、CSSCI（中文社会科学引文索引）、北大中文核心期刊上的学术论文。

（2）科研获奖情况

科研获奖的级别与数量是衡量大学科研创新能力的重要指标之一。高校科研奖项主要包括国家自然科学奖、国家技术发

---

① 曾旸：《完善科学基金项目同行评议体系的探讨》，《研究与发展管理》2007 年第 2 期。

明奖和国家科学技术进步奖等国家级科技奖以及教育部高等学校科学研究人文社会科学优秀成果奖。由于没有通行的科技奖折合数的计算方法，本书参考了软科世界大学学术排名（AR-WU）对社科成果奖的折合计算方法，各类科研奖项权重如表4-3所示。

表 4-3　各类科研奖项权重

单位：%

奖项类别	奖项等级	权重
国家自然科学奖	一等奖	18
	二等奖	6
国家技术发明奖	一等奖	15
	二等奖	5
国家科技进步奖	特等奖	24
	一等奖	10
	二等奖	4
人文社会科学优秀成果奖	著作论文一等奖	6
	著作论文二等奖	2
	著作论文三等奖	1
	咨询服务报告一等奖	6
	咨询服务报告二等奖	2
	咨询服务报告三等奖	1

（3）纵向项目经费

纵向项目经费通常指的是由政府部门或受政府部门委托的专业机构直接下发的科研项目经费。纵向项目经费的多少在一定程度上可以体现高等院校的科研水平。在科研评价体系中，纵向项目经费通常具有比横向项目经费更高的权重价值。

纵向项目经费总额较大时，通常意味着该项目具有较高的含金量，能够体现高校的科研水平。高校能获得的纵向项目经费反映了其承担国家级和省级科研任务的能力，以及在科研领域的竞争力和影响力。这也是衡量一所高校科学研究水平的重要指标之一。

3. 直接社会服务能力

高校的人才培养和科学研究职能为其直接对外服务提供了条件。社会服务是高校教学和科研活动的自然延伸。高校通过与社会的接触，将反馈信息整合到教学和科研中，从而形成良性循环。因此，如果只关注高校的对外服务而忽视教学和科研的核心作用，就只看到服务的表面而忽略了其基础。

地方高校作为社会系统中的一个组成部分，其发展需要包括政府、行业、企业、公众等在内的多方利益主体的共同参与。地方高校的使命也包括承担社会责任，但这并不意味着地方高校需要无条件地满足社会的所有需求。对于那些其他社会组织能够很好地完成的任务，地方高校应该有所选择地参与。不顾及自身的办学水平、定位和资源条件，单纯为了服务而服务的做法，并不符合地方高校的发展方向。

地方高校的社会服务应当建立在人才培养和科学研究的基础之上，既要满足社会需求，也要反哺教学和科研。然而，有些地方高校社会服务的意识不够强，错误地认为这只是高职高专院校的职责。这种认知没有正确理解高校社会服务职能的本质以及各职能之间的内在联系。

在构建直接社会服务能力的指标体系时，本书考虑了上述情况，选取了继续教育服务、科技拓展服务和教育资源服务作为二级指标（见表4-4）。

表4-4 直接社会服务能力指标体系

一级指标	二级指标	三级指标	指标说明	测算方法
直接社会服务能力	继续教育服务	进修生数量	继续教育进修生人数	进修生数
		人才培训	定制培训、干部培训和技能认证培训开班受益人数	受益人数
	科技拓展服务	横向项目经费	企业单位委托研究的课题，包括科学研究类、技术攻关类、决策论证类、设计策划类、软件开发类等	项目实际到账金额
		科技成果转化	含参股、转让、授权（许可）实际到账金额	实际到账金额
		研究与咨询报告数	直接服务于政府和企业等部门的报告数量	报告数量
		社会文化知识普及宣传活动	开展经济、法律、科技生活、政策解读等普及宣传活动或开展讲座、讲坛等活动次数	活动次数
	教育资源服务	共享设施	实验室、体育运动场馆、礼堂、图书馆、附属医院、饭堂、博物馆等硬件设施对外开放面积比例	开放的面积/校舍建筑
		挂职员工	到企业挂职、开展扶贫工作或者参与项目合作的教职工	挂职员工人数
		公益活动	校外志愿公益活动（义务支教、精准扶贫、科技帮扶、社会调研、三下乡、大型赛事、孔子学院、国际组织志愿者项目等）参与人数占比	参与人数/在校生数与教工数之和

资料来源：王伊梦《普通本科高校社会服务能力评价研究》，硕士学位论文，华南理工大学，2019，第42页。

由表 4-4 可知，在直接社会服务能力指标下包含 3 个二级指标，其中继续教育服务包括 2 个三级指标，科技拓展服务包括 4 个三级指标，教育资源服务包括 3 个三级指标。

继续教育服务是高校参与构建学习型社会、实现终身教育理念的重要途径，它利用学校的师资力量和设施条件，为那些渴望深造和提升技能的人提供一个高品质的学习平台。

科技拓展服务是科学研究向实际应用转化的关键环节，它将科研成果从实验室带到生产线，为社会的发展和进步贡献巨大价值。这一服务强化了地方高校的区域技术创新、知识传播和转化的中心角色，不断推动创新，使高校提供更高层次的产品和服务。

教育资源服务是教育现代化的核心支柱。地方高校是各种教育资源的汇聚之地。无论是教师还是学生，他们参与的活动，从国家级的大型赛事到社区的公益活动，都展现出高校的活力。这些活动包括扶贫、解决企业生产问题、支持边疆地区发展、参与国际公益项目等，它们将地方高校的社会价值展现于日常生活的细微之处。

此外，国内众多地方高校拥有悠久的办学历史和深厚的文化底蕴，以及优美的校园环境。这也是一种宝贵的无形资源，为当地社会公众提供了精神滋养。通过这种服务，地方高校不仅满足了区域社会需求，也促进了自身的发展，实现了与社会的良性互动。

4. 文化传承与创新能力

高等教育机构肩负着传承卓越文化及推动文化创新的双重使命，是文化传播的重要平台和文化创新的关键动力。本书为评估地方高校的文化传播与创新能力，选取了文化传承与创新平台数和文化传承与创新项目折合数作为关键指标。这些指标能够反映地方高校在文化领域的贡献和影响力，体现地方高校在促进区域文化发展和创新方面的活跃度和成效。

（1）文化传承与创新平台数

教育部设立的全国普通高校中华优秀传统文化传承基地，致力于弘扬和传承中华优秀传统文化，以传承项目为核心载体和交流平台，旨在提升学生的审美能力和人文素质。通过文化教育、美育和体育，切实履行培养德智体美劳全面发展的时代新人的根本任务，充分发挥基地在教育推广、文化保护、创新驱动和传播交流方面的关键作用。

（2）文化传承与创新项目折合数

教育部发起的全国高校"礼敬中华优秀传统文化"系列活动，旨在促进中华优秀传统文化的创造性转化与创新性发展。通过一系列活动的开展，引导学生在新时代积极传承和践行爱国主义精神，成为爱国主义精神的继承者、党和国家事业的后备力量，以及担当民族复兴大任的时代新人。2022年推广10个全国高校"礼敬中华优秀传统文化"示范项目和30个全国高校"礼敬中华优秀传统文化"特色展示项目，以此强化示范引领和特色展示的双重作用。

三　指标体系的权重确定

本书指标体系的权重测算采用的是层次分析法，该方法有效地融合了定性分析与定量分析，从而规避了单一优化方法所固有的局限，是一种较为合理的决策分析手段。通过成对比较法，量化评估各指标间的相对重要性，并以此标度值作为衡量标准，这一步骤将基于主观经验的定性评估转化为可量化处理的问题，使得决策过程更加精确，进而确保了决策的逻辑性和科学性。对于传统优化技术难以解决的实际问题，层次分析法提供了一种切实可行的解决策略[①]。其操作步骤如下。

1. 确定决策目标，建立层次结构模型

本书决策的终极目标是评估地方高校的社会服务能力，根据确定好的评价指标体系，构造层次分析结构。其中，一级和二级指标构成了准则层，三级指标则作为方案层的要素，共同构建层次分析的结构框架。

2. 构建判断矩阵

首先设计运用1-9标度法比较各指标间重要性程度的问卷，邀请国内地方高校的学者和管理人员进行打分，回收问卷后，根据各指标的重要性评分构建判断矩阵。假设上一层元素 B_k 作为评判标准，对下一层的元素 C_1，C_2，$\cdots$，C_n 具有决定性影响。我们的目标是在评判标准 B_k 的框架下，根据元素的相对重要性为 C_1，C_2，$\cdots$，C_n 分配相应的权重。通过对元素进行成对比较，构建判断矩阵，记为：

$$C = (C_{ij})_{n \times n} \qquad (4-4)$$

其中，C_{ij} 为矩阵中的元素，表示第 i 个指标相比于第 j 个指标的重要程度，当第 i 个指标的重要性大于第 j 个指标时，则 $C_{ij} > 1$；当第 i 个指标的重要性小于第 j 个指标时，则 $1 > C_{ij} >$

---

① 章静：《我国高校专利战略及其绩效评价研究》，硕士学位论文，重庆大学，2010，第32页。

0；重要性相同时 $C_{ij} = 1$。

矩阵 C 具有如下性质：$C_{ij} > 0$；$C_{ij} = 1/C_{ji}$（$i \neq j$）；$C_{ii} = 1$。

3. 计算权重

运用 yaahp 软件计算出每个判断矩阵的最大特征根 λ_{max}，从而计算度量判断矩阵偏离完全一致性的指标，记为：

$$CI = (\lambda_{max} - n)/(n-1) \qquad (4-5)$$

利用 CI 值度量判断矩阵偏离完全一致性的程度，CI 值越小（接近于 0），表明判断矩阵的一致性越好，反之亦然；当完全具有一致性时，$CI = 0$。判断不同阶数的判断矩阵是否具有满意的一致性，还需要引入判断矩阵的随机一致性指标 RI 值。对于 1~9 阶判断矩阵，RI 值如表 4-5 所示。

表 4-5　随机一致性指标

阶数	1	2	3	4	5	6	7	8	9
RI 值	0	0	0.58	0.90	1.12	1.24	1.32	1.41	1.45

4. 一致性检验

首先，通过构建判断矩阵，将主观判断转化为数学形式，从而简化问题分析。由于客观事物的复杂性、个体认知的差异性以及潜在的主观片面性，期望每个判断都完全一致是不现实的，特别是在涉及众多因素或大规模问题时更是如此。然而，确保判断在整体上保持一致是必要的。因此，为了确保利用层次分析法得出的结论具有合理性，我们必须基于随机一致性指标（见表 4-5），计算判断矩阵的一致性比率，并进行一致性检验。这一步骤对于验证判断的逻辑一致性至关重要。其公式为：

$$CR = CI/RI < 0.10 \qquad (4-6)$$

这意味着判断矩阵的一致性是可接受的，如果不一致性水平不符合可接受标准，则需要对判断矩阵进行调整，以达到令人满意的一致性水平。为了避免对专家评分的原始意图造成不必要的人为影响，我们选择使用软件自动进行一致性调整，确保不满足一致性要求的矩阵能够最终通过一致性检验。

5. 方案排序

通过将指标层针对准则层的权重与准则层针对目标层的权重相乘，我们能够计算出指标层相对于目标层的权重，即各指标对于整个评价指标体系的总目标的权重。这一过程是从最高层级向下逐层进行的。最终，我们得到地方高校社会服务能力评价指标体系的权重分布。总体来看，该指标体系不仅具有层次性，而且能够全面地反映地方高校在教学、科研、直接社会服务以及整体实力等方面的水平。

第三节　地方高校服务区域高质量发展能力评价模型构建

构建评价模型是开展地方高校服务区域高质量发展能力评价工作的关键，评价模型涉及评价方法的选取、标准的设置以及最终结果的呈现形式等。地方高校服务区域高质量发展能力评价是一项复杂的综合性活动，单一的常规评价方法不能准确地对服务能力进行全面评价，这就要求在评价时结合指标体系，对不同评价方法的优缺点进行分析考虑后，选取适合本书指标体系的方法构建综合评价模型。本章主要介绍基于网络层次分析法的灰色综合评价模型。

一 灰色关联分析法适切性分析

灰色关联分析法是基于灰色系统理论的多指标、多因素的分析方法。灰色系统理论是一种处理信息不完全或不确定问题的系统控制理论，由邓聚龙教授在 1982 年提出。该理论的主要研究对象是部分信息已知、部分信息未知的"贫信息"不确定系统，通过对部分已知信息的生成和开发，实现对系统运行行为和演化规律的描述和认识。灰色系统理论的核心在于处理贫信息的不确定性问题，通过生成、开发已知信息来提取有价值的信息。它的主要内容包括灰色朦胧集理论体系、灰色关联分析系统、灰色序列生成方法体系、灰色模型（GM）体系以及系统分析、评估、建模、预测、决策、控制和优化技术体系。

灰色系统理论的适用范围包括但不限于经济、气象、生态、水利、生物、军事、医学、教育、水电能源、地质勘探、交通运输、过程控制、环境保护等领域。该理论提供了一种新的分析方法——关联度分析方法，它根据因素之间发展趋势的相似或相异程度来衡量因素间的关联程度，适用于对样本量要求不严格的场合，不需要典型的分布规律，计算量小，且不会出现量化结果与定性分析不一致的情况。

灰色系统理论的方法和模型在解决实际问题时，如粮食作物生产、社会经济系统分析等，显示出独特的优势。它通过将随机量视为一定范围内变化的灰色量，并采用适当的方法处理原始数据，生成规律性较强的数据序列，从而建立模型。这种方法突破了传统概率统计的局限，提供了一种新的量化基础——生成数。本书指标均为正向指标，意味着指标数值越大在该方面的服务能力越强，结合灰色系统理论的优势，可将各指标中的最优值作为参考序列，形成综合评价等级的相对标准，而不必对大量实践数据有过高要求[①]。

在进行能力评估时，会面临众多因素和多个层级，导致指标体系相对复杂。一些指标可能彼此关联甚至重复，而且相关信息可能不够完整。在对这种抽象系统进行分析时，关键在于挑选能够体现系统行为特征的数据序列，这相当于寻找能够简洁地描述系统状态的系统行为的映射量。在构建指标体系时，我们已经考虑了这一点，并通过信效度分析对指标体系进行了进一步的验证。此外，利用灰色系统理论中的差异信息原理和解的非唯一性原理可以有效地处理这一问题。

二　构建灰色综合评价模型的基本步骤

地方高校服务区域高质量发展能力灰色综合评价模型的具体构建过程如下。

1. 建立评价指标

本书参评对象为地方高校，设系统中评价的高校有 n 个，评价指标有 m 个。

2. 确定最优指标集

利用最优指标集和评价对象的实际指标值构建原始矩阵。

---

① 白海宁：《高等学校科研水平综合评价研究》，硕士学位论文，华北电力大学，2011，第22~23页。

其表达式为：

$$V_{ik} = [V_{i1}, V_{i2}, \cdots, V_{im}] \qquad (4-7)$$

其中，i 表示第 i 所高校，$i = 1$，2，$\cdots$，n；k 为第 k 个评价指标，$k = 1$，2，$\cdots$，m；V_{ik} 表示第 i 所高校的第 k 个评价指标的评价值。以最优指标集为参考序列，各评价对象的指标为比较序列，计算灰色关联系数。确定参考序列为：

$$V_{0k} = [V_{01}, V_{02}, \cdots, V_{0m}] \qquad (4-8)$$

V_{0k} 表示第 k 个评价指标在众多评价对象中的最优值。

3. 构建原始指标矩阵

对一个有 n 个评价对象、m 个评价指标的系统，有下列矩阵：

$$V = (V_{ik})_{m \times n} = \begin{bmatrix} V_{11} & V_{12} & \cdots & V_{1m} \\ V_{21} & V_{22} & \cdots & V_{2m} \\ \vdots & \vdots & & \vdots \\ V_{n1} & V_{n2} & \cdots & V_{nm} \end{bmatrix} \qquad (4-9)$$

4. 无量纲化处理

不同指标通常具有不同的量纲和数量级，不能直接进行比较。因此，需要将各指标的实际测量值转化为无量纲的形式，以消除指标单位和数量级的影响。计算公式如下：

$$X_{ik} = [V_{ik} - \min(V_i)] / [\max(V_i) - \min(V_i)] \qquad (4-10)$$

其中，X_{ik} 表示第 i 所高校的第 k 个评价指标 V_{ik} 的规范化数值，$\min(V_i)$ 表示第 k 个指标在所有评价对象中的最小值，$\max(V_i)$ 为最大值。规范化后得到如下新的矩阵：

$$X = \begin{bmatrix} X_{01} & X_{02} & \cdots & X_{0m} \\ X_{11} & X_{12} & \cdots & X_{1m} \\ \vdots & \vdots & & \vdots \\ X_{n1} & X_{n2} & \cdots & X_{nm} \end{bmatrix} \tag{4-11}$$

5. 计算灰色关联系数

计算各评价对象与最优指标集的灰色关联系数。将规范化处理后的最优指标集 $\{X_{0k}\} = [X_{01}, X_{02}, \cdots, X_{0m}]$ 作为标准即参考序列，经规范化处理后各备用方案指标值 $\{X_{ik}\} = [X_{i1}, X_{i2}, \cdots, X_{im}]$ 作为被比较序列，用下述公式分别求得第 i 所高校第 k 个评价指标与第 k 个最优评价指标的灰色关联系数：

$$\varepsilon_i(k) = \frac{\min_i \min_k |X_{0k} - X_{ik}| + \rho \max_i \max_k |X_{0k} - X_{ik}|}{|X_{0k} - X_{ik}| + \rho \max_i \max_k |X_{0k} - X_{ik}|} \tag{4-12}$$

式（4-12）中，$\varepsilon_i(k)$ 表示第 i 个元素在 k 时刻的某种度量或误差。X_{0k} 表示参考数据或初始数据在 k 时刻的值。X_{ik} 表示第 i 个元素待比较数据在 k 时刻的值。$\min_i$、$\min_k$ 表示在所有 i 和 k 中取最小值。$\max_i$、$\max_k$ 表示在所有 i 和 k 中取最大值。ρ 是一个权重参数，用于调整最大差异项的影响。一般来讲，ρ 越大，分辨率越高；ρ 越小，分辨率越低。一般意义上 $\rho = 0.5$。进一步求出灰色关联系数 $\varepsilon_i(k)$ 的矩阵 E：

$$E = \begin{bmatrix} \varepsilon_1(1) & \varepsilon_2(1) & \cdots & \varepsilon_n(1) \\ \varepsilon_1(2) & \varepsilon_2(2) & \cdots & \varepsilon_n(2) \\ \vdots & \vdots & & \vdots \\ \varepsilon_1(m) & \varepsilon_2(m) & \cdots & \varepsilon_n(m) \end{bmatrix} \tag{4-13}$$

6. 计算灰色关联度

将各指标的灰色关联系数乘以相应的权重，然后求和得到每个评价对象的灰色关联度：

$$R = P \times E \tag{4-14}$$

式（4-14）中，$R = [r_1, r_2, \cdots, r_n]$，为 n 个评价对象的综合评价结果矩阵。其中，r_i（$i = 1, 2, \cdots, n$）表示第 i 个评价对象的综合评价结果。$P = [P_1, P_2, \cdots, P_m]$，为 m 个评价指标的权重分配矩阵，满足 $\sum_{k=1}^{m} P_k = 1$。第 i 所高校的综合评价结果即灰色关联度 r_i，可由式（4-15）求得：

$$r_i = (P_{i1}, P_{i2}, \cdots, P_{im}) \times \begin{bmatrix} \varepsilon(1) \\ \varepsilon(2) \\ \vdots \\ \varepsilon(m) \end{bmatrix} \tag{4-15}$$

也可用 $r_i = \sum_{k=1}^{m} P_{ik} \varepsilon_i(k)$ 表示，若灰色关联度 r_i 最大，说明 $\{X_{ik}\}$ 与最优指标集 $\{X_{0k}\}$ 最接近，则第 i 所高校优于其他高校，据此可将其他高校依次排序。

7. 根据灰色关联度排序

根据灰色关联度的大小对评价对象进行排序，灰色关联度越大，说明其相应的评价对象越接近于最优指标，据此便可评定各评价对象的优劣顺序。

8. 评价分析

将各指标的灰色关联系数乘以相应的权重，然后求和得到每个评价对象的灰色关联度。本书地方高校服务区域高质量发展能力评价指标体系属于多层次的评价系统，以三级指标的单层次评价模型为基础，将这一层次的评价结果 R_k（$R_k = P_k \times E_k$）作为二级指标层的原始指标，再重复进行二级指标的单层次评价，同理推至一级指标[①]。

---

① 杜栋、庞庆华、吴炎编著《现代综合评价方法与案例精选》（第2版），清华大学出版社，2008，第 179~180 页。

第五章　我国地方高校服务区域高质量发展的现状分析

古人云：“知己知彼，百战不殆。”我国地方高校在服务区域高质量发展的过程中，必须对内外部环境因素进行客观、全面和深入的论证。本章采用现实分析方法，力图系统地剖析我国地方高校自身存在的优势和劣势，以及外部面临的诸多机会和威胁，从而帮助我国地方高校明确自身的办学定位和方向，不断实现发展和超越，同时也有利于其抓住服务区域高质量发展的机遇，为区域经济建设做出更大的贡献。

第一节　我国地方高校教育事业发展现状与问题

自新中国成立以来，我国高等教育事业的发展经历了几个重要阶段。20世纪50~60年代，我国高等教育处于高校建立期，这是高等教育体系的初创阶段。20世纪70~80年代，高等教育事业进入了平稳发展期，这一时期高等教育体系逐步完善。20世纪90年代至21世纪初，随着高校合并、大规模扩招和新校区建设项目的推进，高等教育事业进入了外延式发展期，这一阶段是我国高等教育从精英教育向大众化、普及化转变的关键时期，在一定程度上满足了经济社会发展对人才的迫切需求，但也伴随着教育资源分散、教育质量下降、政绩工程等问题。这些问题促使高等教育发展策略转向内涵式发展，即更加注重教育质量的提升和教育结构的优化。自2010年起，我国高等教育事业进入了内涵式发展期，这是对之前外延式发展的反思和调整。内涵式发展是在深刻认识高等教育发展规律的基础上，对教育质量、教育结构、教育内容等方面进行优化和提升的过程。这一转变不仅反映了党和国家对高等教育发展规律认识的深化，也为地方高校的发展带来了新的机遇和挑战。

一　我国地方高校教育事业发展现状

长期以来，地方高校在各级政府部门及社会各界的关怀与支持下，不断追求卓越、持续奋斗，有了显著的发展和进步，为我国经济社会发展做出了重要贡献。从全国第四轮学科评估、"双一流"建设高校及建设学科名单、武书连中国大学排行榜等多维度进行分析，可以在宏观层面较为全面地掌握近年来我国地方高校的改革与发展态势。

全国第四轮学科评估于2016年4月启动，在95个一级学科范围内开展（不含军事学门类等16个学科），共有513个单位的7449个学科参评（比第三轮增长76%）。此次学科评估不再像历次评估那样公布分数，而是首次采用"分档"方式公布评估结果，不公布得分、不公布名次、不强调单位间精细分数差异和名次前后，根据"学科整体水平得分"的位次百分位，将前70%的学科分为9档进行公布。根据统计数据，地方高校在此次学科评估中取得了显著成绩，有14所地方高校在特定学科上表现卓越，与中央部委直属高校（以下简称"中央部属高校"）一样获得了A+评级。上海中医药大学在此次学科评估中表现尤为突出，拥有3个A+学科——中医学、中西医结合和中药学。其中，中医学和中西医结合两个学科与北京中医药大学并列A+；中药学则与黑龙江中医药大学并列A+。

此外，南京林业大学在林业工程和林业两个学科上均获得了A+评级，这两个学科分别与东北林业大学和北京林业大学并列A+。中国美术学院在美术学和设计学两个学科上获得了A+评级，其中美术学与中央美术学院并列A+，设计学则与清华大学并列A+。

除了这3所地方高校外，还有11所地方高校各自拥有1个A+学科，包括云南大学的民族学、上海体育学院的体育学、华南师范大学的心理学、西北大学的考古学、南京信息工程大学的大气科学、西南石油大学的石油与天然气工程、上海海洋大学的水产、天津工业大学的纺织科学与工程、南京医科大学的公共卫生与预防医学、上海音乐学院的音乐与舞蹈学、黑龙江中医药大学的中药学（见表5-1）。

表 5-1　地方高校参评全国第四轮学科评估情况

单位：个

评估结果	学科名称	学校名称	数量
A+	民族学	云南大学	1
	体育学	上海体育学院	1
	中医学	上海中医药大学	3
	中西医结合		
	中药学		
	林业工程	南京林业大学	2
	林业		
	美术学	中国美术学院	2
	设计学		
	心理学	华南师范大学	1
	考古学	西北大学	1
	大气科学	南京信息工程大学	1
	石油与天然气工程	西南石油大学	1
	水产	上海海洋大学	1
	纺织科学与工程	天津工业大学	1
	公共卫生与预防医学	南京医科大学	1
	音乐与舞蹈学	上海音乐学院	1
	中药学	黑龙江中医药大学	1

资料来源：教育部学位与研究生教育发展中心。

地方高校的大量学科获评 A+，充分体现了近年来地方高校改革发展的显著成果，也彰显了地方高校在我国高等教育体系中不可忽视的地位。地方高等教育的发展不仅体现在地方高校的数量上，还体现在其对教育质量的重视上。地方高校正通过内涵式发展，不断提升教育质量、优化学科专业结构、加强师资队伍建设、深化教学改革、提高人才培养的适应性和满意度，同时也在积极服务区域经济社会高质量发展。

二 我国地方高校发展面临的困境

虽然近年来地方高校改革发展成果显著，但因历史因素制约，许多地方高校倾向于模仿中央部委直属高校的发展模式，追求规模扩张，缺乏对服务地方需求的深入理解，同时在培养应用型人才方面经验不足。这些外部的竞争压力与地方高校自身的发展瓶颈，共同构成了地方高校所面临的一系列困境。

1. 地方高校发展的外部压力较大

（1）政策扶持滞后，办学资源竞争能力弱

健全的政策是地方高校良性发展的"源头活水"。地方高校接受地方政府及地方教育行政部门管理，办学主要依赖自上而下发布的文件和行政审批，而非"完备的、公开的、面向整个社会的法规"[1]。这也导致地方高校在自主办学、自主管理、自主规划的能力上存在不足，同时在专业设置、人才工程、研究生推免指标、博士点评审和招生指标等方面也面临许多限制，与中央部委直属高校相比差距较大。加之办学条件与扩招任务的不对称性（低标准升格、资源缺乏下的大规模扩招等）、发展任务的超前与政策扶持的滞后，以及在办学资源竞争中的不利地位等因素，部分地方高校的发展步履维艰。

（2）办学经费不足，生均经费偏低

我国地方高校的经费主要来源于当地政府的财政收入，这

---

[1]　朱明：《地方高校核心竞争力》，中国大百科全书出版社，2005，第70页。

直接影响了地方高校的生均拨款水平。由于不同地区的经济发展水平和社会进步程度存在较大差异，加之 20 世纪 90 年代末高等教育规模的快速扩张，我国地方高校普遍面临办学经费不足的问题，这在一定程度上限制了高校的发展。为解决地方高校经费投入不足和区域间差距扩大的问题，2010 年 11 月，《财政部 教育部关于进一步提高地方普通本科高校生均拨款水平的意见》发布，要求 2012 年各地提高地方高校生均拨款水平至 12000 元。这一政策的实施在一定程度上缓解了地方高校经费不足的问题，但地方高校仍需面对较大的发展压力。此外，一些地方的生均拨款水平出现下降趋势，后期增长显得乏力。从全国范围来看，各省份对地方高校的财政投入尚未能显著提高其生均拨款水平。

2. 地方高校发展的内生动力不足

从影响地方高校发展的内生动力角度分析，制约地方高校发展的内部因素主要包括以下几个方面。

（1）办学目标和服务面向定位模糊

在长期的发展过程中，地方高校往往受到传统社会观念的深刻影响，导致许多地区在发展模式上倾向于沿用或效仿中央部属高校的路径，从而形成了一种追求高远的定位趋势。一部分地方高校在设定发展目标时过于理想化，如打造国内一流或国际知名学科等不切实际的目标，或者过于追求规模和全面性，力图打造学科门类完备的综合性研究型大学。然而，从我国高等教育的现状来看，地方高校在整体上并不属于国家高等教育体系的第一梯队。如果人为地提高办学目标和定位，甚至使其严重脱离实际，可能会对地方高校的内涵式发展造成不利影响。

服务面向是指高校在人才培养和学术研究等方面的服务对象,包括地理区域或行业范围。服务面向定位涵盖了服务的区域、领域、层次以及形式等方面①。目前,部分地方高校在这些方面的定位上出现了偏差,过分强调学校在基础研究、原始创新和关键核心技术突破等方面的作用,而忽视了所在地域、产业行业的实际需求。这种服务面向定位过于宽泛、缺乏针对性,同样不利于地方高校的可持续发展。

(2)高水平师资较匮乏,科研能力相对较弱

地方高校在发展过程中受到了多方面的限制,这不仅使其引进高端人才变得困难,也导致不少高校出现了一定程度的人才流失现象,进而影响了地方本科院校师资队伍的建设水平。国家杰出青年科学基金和优秀青年科学基金是国家自然科学基金委资助的面向中青年科研人才的重要项目,它们在学术界被广泛认为是中国科研人才成长道路上的关键台阶,几乎是所有中青年学者的职业追求,也是全国高校高度关注并积极争取的资源。

以2015~2019年为例,全国高校在国家杰出青年科学基金项目的资助情况显示,中央部委直属高校有801人获得资助,而地方高校仅有94人入选,两者之间的差距较大。同期,在优秀青年科学基金项目的资助中,中央部委直属高校有1618人入选,地方高校则仅有265人入选。总体来看,无论是国家杰出青年科学基金项目还是优秀青年科学基金项目,都主要集

---

① 陈厚丰:《中国高等学校分类与定位问题研究》,湖南大学出版社,2004,第82页。

中在"双一流"建设高校，尤其是中央部委直属高校，而地方高校的入选人数相对较少[①]。

（3）学科发展定位趋同，人才培养定位空泛

当前，地方高校的学科门类主要集中于理学、工学、管理学、经济学、文学及法学等领域，这一现象导致各地方高校在学科定位上呈现较高程度的同质性。同时，地方高校在学科专业的调整过程中容易受到经济发展、就业市场等外部因素的影响，存在追逐热点、操作简化等问题，未能妥善处理新兴学科、交叉学科与传统学科之间的关系，学科的新增与淘汰机制尚不健全，在硕士点、博士点及学科门类上相互攀比的现象时有发生。

以上情况容易导致高校教育与地方经济发展的实际需求脱节，甚至使一些历史悠久且具有特色的学科消失。地方高校在人才培养目标上与中央部属高校趋于一致，未能充分满足社会对人才多样化的需求。许多地方高校将"德智体美劳全面发展""宽口径、重基础、强能力、增素质""知识结构优化、实践能力强，具有创新精神和社会责任感""有知识、有能力、有修养"等作为人才培养的目标，这些目标过于宽泛和抽象。部分地方高校则过分偏重培养学术型、研究型人才，而忽略了对适应地方经济发展需要的应用型人才的培养，这种培养倾向不利于我国高等教育的分类发展和人才的多样化培养。

---

① 查玉喜：《地方高校内涵式发展研究》，博士学位论文，山东师范大学，2021，第41~42页。

第二节　我国地方高校服务区域高质量发展的 SWOT 分析

一　地方高校服务区域高质量发展的优势分析

尽管地方高校在服务区域高质量发展的能力、层次、影响力及声誉等方面与国家重点高校存在一定差距，但各有其专业特色，分工明确、各有侧重，是国家高等教育体系的重要组成部分。现代社会的高等教育体系应当是一个多层次、多样化、功能互补、和谐发展的"生态系统"[①]。地方高校若能在人才培养、科学研究和社会服务等方面逐步塑造与发挥自己的特色与优势，便能为区域高质量发展作出积极贡献。具体而言，地方高校在服务区域高质量发展方面主要依托其人缘和地缘两个方面的优势。

1. 地方高校具有得天独厚的人缘优势

与域外高校相比，地方高校具有得天独厚的人缘优势，表现为与所在地区的社会各界存在着不可分割的天然联系。

首先，在地方高校培养的大量优秀人才中，不少已成为当地政府的各级官员。这些官员往往对母校怀有深厚的情感，视其为个人职业成功的起点，对母校充满美好回忆。因此，他们倾向于支持母校的发展，并以此为荣。这种情感上的联系使他们愿意为母校提供支持和帮助。

---

① 黄家庆、卢明德：《地市高校发展中凸显的问题与对策》，《广西师范学院学报》（哲学社会科学版）2008 年第 3 期。

其次，地方高校的毕业生在区域企业中成为企业家或担任管理层职位的也不在少数。这些校友在事业有成后，往往愿意回馈母校，或利用母校的资源和联系助力自身事业的发展。他们可能通过多种方式与母校合作，例如捐赠、设立奖学金、举办讲座、提供实习机会等。此外，还可能聘请母校教师为自己所在企业提供咨询和技术指导，以及通过联合办学、员工培训、共同科研攻关、购买研发成果等形式，实现校企双方的互利共赢。这种模式为地方高校带来了独特的优势，是非地方高校难以复制的。

2. 地方高校拥有明显的地缘优势

地缘优势是指地方高校拥有服务区域高质量发展优越的地理位置，也可以称之为区位优势。优越的地理位置是地方高校生存和发展的根基，也是提升地方高校影响力与竞争力的关键。在知识经济时代，区域经济社会的发展为地方高校提供了广阔的成长空间，这成为地方高校激活区位资源和塑造办学特色的重要机遇。与中央部属高校相比，地方高校在办学水平、学科发展和科研创新等方面可能存在一定不足，但在与本地企业建立联系、开展区域合作等方面具有明显的地缘优势[①]。地方高校多位于非省会城市，服务范围相对明确，具有鲜明的地域特色，与地方政府的联系也更为紧密。它们在学科和专业设置上具有较高的灵活性，合作机会丰富，实现互利共赢的潜力巨大。因此，地方高校在服务区域高质量发展方面具有明显的

---

① 柳国梁主编《服务型区域教育体系的地方高校转型研究》，高等教育出版社，2014，第99页。

地缘优势[①]。

二 地方高校服务区域高质量发展的劣势分析

虽然地方高校在服务区域高质量发展方面拥有人缘和地缘优势，但不可否认，地方高校也存在许多先天不足和后天失调的问题。具体而言，地方高校在服务区域高质量发展过程中，主要存在以下几个方面的劣势。

1. 社会服务理念模糊

理念是对客观事物本质的深刻反映，是事物内在属性的外在体现。理念代表了一种经过理性加工的思想，是一种建立在逻辑和推理基础上的思维模式，或者说是经过理性分析后的观点和理解。大多数地方高校在思想观念上相对保守，市场意识、竞争意识和创新意识较弱。由于对当今高等教育的发展趋势不够了解，一些高校及其教师忽视了高等教育服务社会的第三职能，也没有认识到区域经济社会发展对高校自身发展的重要作用。从调查现状来看，社会服务理念模糊是阻碍地方高校服务区域高质量发展的一大困境，主要表现在以下方面。

（1）社会服务职能的认识不足

从发展历程来看，许多地方高校普遍具有较短的本科办学历程。尽管 2015 年 10 月发布的《教育部 国家发展改革委 财政部 关于引导部分地方普通本科高校向应用型转变的指导意见》为这些地方高校的转型发展提供了方向，但大多数院校

---

① 程肇基：《地方高校与区域经济共生发展的理论探索》，《教师教育研究》2013 年第 5 期。

在转型方向和定位上仍存在困惑，处于不断尝试和探索的阶段。在转型过程中，一些院校仍然延续着传统的精英化教育路径，受到传统大学重视教学和科研的办学模式的影响。在这一背景下，尽管强调了社会服务的重要性，但一些地方高校对社会服务职能的认识不够清晰，因而重视程度不够。学校的教师和学生仍然将自己视为"象牙塔"中的群体，难以迅速适应从"象牙塔"到社会"动力站"角色的转变。学校作为社会服务的重要主体，如果缺乏走出"象牙塔"的意识，就难以加强自身与社会的联系，从而阻碍社会服务的发展。例如，随着转型发展理念的提出，一些学者倡导应用技术大学的办学定位，但在该概念尚未明确的情况下，许多院校纷纷选择这一办学定位。在专业设置上，一些学校盲目开设大量应用技术类专业，导致学校规模扩张而办学条件不足，毕业生在就业市场上缺乏竞争力。办学定位的不准确进一步导致学校职能定位的模糊，进而阻碍了社会服务模式的构建。

（2）主动参与社会服务意识缺乏

部分地方高校教师仍沿袭传统观念，认为只有基础研究和学术论文才是真正的学术追求，轻视应用研究、科技成果转化、企业合作以及产品开发和工艺创新。由于某些地方高校在区域内属于最高教育机构，一些教师在无意识中形成了一种"地方领袖"的自满心态，在服务地方经济时倾向于被动等待，而不是积极寻找机会，主动走出校园，参与地方经济建设。部分地方高校教师未能充分认识到科研工作在服务地方经济中的重要性。目前，科研评价体系往往以发表论文的数量作为职称晋升、岗位定级、薪酬增长的主要标准，导致高校教师将发表论文视为科研的终极目标，而非服务实际需求。因此，一些教师在科研活动中表现出明显的功利主义倾向，他们的科研工作并非以经济建设和市场的实际需求为导向，而是为了科研而进行科研，为了发表论文而发表论文。他们在选择科研课题时，往往依赖于文献资料，而非基于现实需求；在进行科研时，倾向于闭门造车，而不是通过实地调研来获取依据。

部分地方高校教师对于自身在服务地方经济方面的能力持保留态度，或认为效益不明显，因而在心理上表现出一定程度的消极和畏难情绪。首先，一些教师认为，受限于地方高校相对薄弱的办学条件、科研水平以及资金支持，他们缺乏服务地方经济所需的物质基础和科研实力。其次，一些教师指出，由于近年来高校学生数量快速增长，教学任务已经相当繁重，几乎没有额外的时间和精力参与服务地方经济的活动。再次，部分教师对社会需求和本地市场了解不足，缺乏调研能力与沟通技巧，或因过往挫折而对自身能力产生怀疑，进而表现出消极情绪。最后，也有教师认为服务地方经济需要投入大量精力，但获得的经济效益和社会效益不成正比，因此不愿意主动承担这些工作。

2. 社会服务能力不足

由于国家政策倾斜不足、地方财政投入有限和自身发展定位不明确等问题，地方高校在发展过程中普遍面临着人财物等方面的困难，其综合竞争力与国内知名高校存在明显的差距，难以为区域经济建设提供充足的智力支持。

（1）地方高校对区域发展的人力资本支撑力不强

首先，地方高校办学经费的普遍短缺制约了其人才培养的能力。对于某些省市共建或市属地方高校而言，由于地方政府财政紧张，其办学经费更为短缺。

其次，地方高校办学定位的不科学性造成了人才供求的失衡，其不科学性主要表现在以下三个方面。

第一，追求办学层次的无序提升。当前，存在一种趋势，即"中专变大专，大专变本科，学院变大学，不顾地方情况和自身的办学实力盲目提升办学层次"[①]。这种不顾实际情况的升级行为不仅破坏了高等教育的职能分工，也使地方高校失去了其独特的办学特色。

第二，办学规模的无节制扩张。据估算，在高校后勤化改革之后，最适宜的办学规模为："专科 4000—5000 人，本科8000—10000 人，超过 1 万人规模的大学，一定要采用分校管理或分学院管理的模式，否则，效益将会下降。"[②] 然而，目前我国高校的本科生平均规模是美国的 2~3 倍，一些地方本科高校动辄拥有上万名甚至数万名学生，多数高校还在以学生人数规模为荣，相互攀比。

第三，专业设置的同质化。自 20 世纪末以来，扩招、规模、速度一直是地方政府与地方高校追求的重点，在"做大做强"的驱动下，高校纷纷追求"大型化、综合性、高水平"，这导致了专业设置的雷同，出现了千校一面的现象，没有将地方高校专业的"特色化、专业化"要求融入其中。据统计，大多数地方高校的专业普遍涵盖理、工、农、医、政治、经济、

---

① 叶芃：《地方高校定位研究》，博士学位论文，华中科技大学，2005，第 28 页。
② 周绍森、储节旺：《地方高校如何走出误区科学定位》，《中国高等教育》2004 年第 2 期。

历史、文化、地理、教育等领域，形成了门类齐全的综合性大学格局。这些综合性地方高校普遍开设了英语、计算机科学与技术、电子信息工程、汉语言文学、新闻传播、音乐、美术、工商管理、法学、国际经济与贸易、化学化工、生命科学、体育等专业，专业设置高度同质化，大多是传统专业与当前热门专业的搭配。由于专业设置缺乏特色，学科建设特色不足，地方高校最终培养出的人才也缺乏专业特色和地方特色，面临就业竞争力下降的问题。

（2）科学研究对区域发展贡献低

高校在发展高科技、实现产业化、把知识转化为生产力方面起着重要的孵化器和辐射源的作用[①]。地方高校普遍存在成果转化率低、成果转化经济效益差等问题。

首先，科研经费不足严重制约了地方高校的科技创新能力。一些地方高校科研能力有限，导致纵向科研难以获取；还有部分地方高校与地方和企业的联系不够紧密，难以争取到横向科研经费，使得高校科研设备落后、科技创新平台建设不力，进而导致高层次科技人才流失，缺乏承担重大科研任务的学术大师和科研领军人物，难以形成能够承担重大科研项目的科研团队。

其次，社会服务能力不足，无法成为服务区域高质量发展的智囊团。一方面，部分地方高校教师的研究往往局限于理论层面，未能有效将理论与实践相结合，无法解决区域发展中的具体问题。他们提出的政策建议常常脱离实际，缺乏操作性，

---

① 王环：《地方高校服务地方经济的几点思考》，《华章》2014年第1期。

难以为地方政府和企业提供有力的智力支持。另一方面，当前地方高校普遍缺乏既具备深厚理论知识又拥有丰富实践经验的"双师型"教师。许多教师在教学中能够向学生传授理论知识，但在面对政府官员和企业员工，尤其是那些实践经验丰富的领导和高管时，往往显得力不从心，导致培训效果不佳，难以与地方或企业建立长期稳定的合作关系。

最后，科研成果转化率低影响了服务区域高质量发展的水平。由于地方高校评价导向的偏差，教师群体更重视基础理论研究，而忽视了研究选题及成果与区域经济实际需求的对接。目前，地方高校普遍强调科研工作的重要性，但这种重视往往只停留在科研成果的数量和获奖情况上，而非科研成果的创新性和实际应用价值。教师们为了职称评审而投身科研，为了迅速产出科研成果而选择闭门造车。这导致部分科研成果沦为低水平的重复劳动，无论是创新性还是应用性都显得不足，企业自然不愿意投资这些科研成果。此外，由于资金短缺、融资渠道不畅、科技资源整合能力弱以及协同创新能力不足，许多地方高校难以建设大学科技园区或中试基地。这使得许多高风险但同时也有可能带来高回报的高新技术成果，只能以简单的"卖蛋"（一次性转让）方式直接卖给企业，缺乏必要的孵化机制来促进区域产学研合作以及产业升级和优化。

3. 社会服务机制不健全

社会服务机制是保障地方高校社会服务顺利开展的重要保障之一，为地方高校开展社会服务创造了条件，是将地方高校潜在社会服务能力转化为现实生产力的重要环节，机构和制度不健全会导致社会服务活动缺乏系统性，呈现散乱状态，难以集中管理，从而影响地方高校的社会服务能力。当前，地方高校社会服务机制不健全主要表现在以下方面。

（1）管理机制僵化滞后

许多地方高校的教育模式陈旧，高校管理体制的行政化特征较为明显。在行政权力与学术权力之间，缺乏界限明确的机制，导致管理过度集中、权力失衡，难以适应市场经济对高校创新和人才培养的需求。

首先，地方高校的组织机制运转不畅。当前，大部分地方高校由于没有专门的社会服务机构，不能对服务区域发展进行统一组织和领导，不利于全盘规划和统筹管理。有的即使设立了有关服务机构，但并没有起到什么实际作用[①]。社会服务机构是实施社会服务的关键实体，故而成立专门的社会服务机构是确保社会服务工作顺利进行的前提条件。这里所指的服务机构是指专门从事社会服务的机构。目前，为了推进社会服务而建立独立机构的高校并不多，许多高校将社会服务的功能嵌入其他部门，如科研处或发展规划处负责具体管理和执行工作。尽管调查显示多数地方高校已经从上至下建立了社会服务的专门机构，即在高校层面成立了社会服务中心、在专业学院层面设立了社会服务科，但这些仅是在校内进行社会服务的专门机构。为了更有效地与校外实体进行沟通与合作，构建校内外合作的社会服务平台显得尤为关键，它如同一座桥梁连接着校内与校外，例如科技工业园区、企业孵化器等，这些平台对于促进地方经济和社会发展具有重要作用。因此，建立校企合作的

---

① 胡丽娟：《安徽大学服务地方经济社会发展研究》，硕士学位论文，安徽大学，2013，第29~30页。

社会服务机构是十分必要的。

其次，社会服务专项制度有待修订。制度在我们的生活中有着至关重要的作用。从学校层面来看，社会服务职能作为一个重要职能，应该有专项制度，以保障其执行。然而，目前地方高校普遍缺乏相应的社会服务专项制度，这就使得学校开展的社会服务活动缺乏系统性。虽然部分学校制定了社会服务制度，但基本散见于其他文件，缺乏整合。此外，地方高校的科研管理制度大多基于传统教学体系构建，侧重于程序化的项目管理和成果评价。面对新的发展形势，现有的科技创新管理体系跟不上时代的步伐，无法满足科技创新发展的需求。在服务社会的管理办法、发展规划等方面，许多高校尚未建立健全的制度体系，甚至存在重规划、轻落实的现象，导致高校教师对该不该服务、能不能服务、提供什么服务和怎样进行服务缺乏明确依据。

（2）激励机制不合理

个人考评激励制度是提升师生参与社会服务积极性的法宝。社会服务效益的高低在一定程度上取决于个人考评激励制度是否完善。当前地方高校社会服务制度不完善的突出表现为服务评价体系缺失，不少高校尚未在社会服务方面出台规范的政策和配套措施，缺少相应的激励政策和分配制度。从办学理念的角度分析，这主要是重"学"轻"术"的结果[①]。受到早日取得成绩、快速产出成果的驱动，高校往往只关注论文发表、项目申报、获奖情况等方面，对教师的科研成果进行量化

① 和飞：《地方大学办学理念研究》，高等教育出版社，2005。

评估。至于教师是否参与了社会服务、社会服务的质量、经济效益及受益人的评价等重要方面，并未被纳入绩效评价体系，未能得到合理科学的评价及相应的奖励。另外，由于人文社会学科、应用学科、自然科学学科的性质不同，其产生的经济效益也不同，尤其是人文社会学科的经济效益难以核算。这在一定程度上挫伤了教师参与社会服务的积极性。

（3）合作机制尚未形成

地方高校在构建服务区域高质量发展的协同机制方面普遍存在不足。实际上，服务区域高质量发展的职责涉及高校的多个层面，需要高校主导整合，协调校内相关职能部门与二级学院的资源，共同服务区域高质量发展。然而，地方高校普遍未能建立有效的沟通协调和资源整合机制，面临统筹不足、部门壁垒、各自为政和资源分散等问题，尚未形成上下联动、左右互动、协同发展的有效运行机制。许多地方高校尚未建立地方合作委员会或校企合作委员会，即便有的高校建立了相关机构，也往往未能发挥实际作用，缺乏专人负责管理和协调工作。在科研活动中，部分地方高校仍沿用传统的课题组模式，科研活动往往较为封闭，课题组间缺少交叉合作，影响了科研创新能力。此外，地方高校大多各自独立运作，未能形成校际战略联盟，未能协同利用各自的优势资源实现互利共赢。为了更有效地服务区域高质量发展，地方高校需要调整心态，建立与社会各界的对接机制和发展平台。

三 地方高校服务区域高质量发展的机遇

党的十九大报告指出，"我国经济已由高速增长阶段转向高质量发展阶段"，党的十九届六中全会进一步将高质量发展作为我国社会整体发展的新要求。地方高校作为区域高质量社会服务资源的聚集地，肩负着对区域高质量发展发挥重要支撑与推动作用的使命。可以说，地方高校正面临空前的发展机遇，如果能够抢抓机遇，地方高等教育事业将会迎来发展的黄金期，从而实现历史性的跨越式发展，在大幅提升自身竞争实力的同时，为区域经济建设做出重要的贡献。

1. 区域经济增长的动力与结构变化造成服务需求大幅增加

近年来，我国区域经济增长的动力与结构都发生了深刻的变化，这些变化不仅影响了地方经济的发展轨迹，也为地方高校的发展提供了广阔的舞台。

在区域经济增长的动力方面，传统的投资驱动和要素驱动正在逐渐向创新驱动转变。特别是在一些经济发达的地区，高新技术产业、战略性新兴产业和现代服务业正在成为推动经济增长的新动力。

在区域增长的经济结构方面，正在从过去的由重工业主导，逐渐向高新技术产业、绿色经济和现代服务业转型。这种转型不仅体现在产业结构上，更体现在增长的质量和可持续性上。

区域经济增长动力与结构的变化对地方高校提出了新的要求。一方面，地方高校需要紧密跟踪区域产业结构的调整，优化专业设置，培养与市场需求相匹配的人才。另一方面，地方高校应该加强与地方企业和研究机构的合作，推动科研成果的转化和应用，助力区域经济的创新发展。

同时，这种增长动力与结构的变化也为地方高校带来了无数的机遇。特别是在高新技术产业和现代服务业等领域，地方高校有着巨大的发展空间和潜力。通过与产业的深度融合，地方高校不仅可以获得更多的资源和资金支持，还可以提升自身的办学水平和国际影响力。

2. 产业升级与技术创新需要地方高校提供更有力的智力支撑

在我国，随着经济的持续发展和全球化进程的加快，区域高质量发展已经成为各个地区共同追求的目标。其中，产业升级与技术创新的前沿趋势更是引领着区域的发展方向，为地方高校带来了丰富的机遇。

产业升级不单是从传统制造业向服务业的转移，还涉及高新技术产业、绿色经济和数字经济的深度融合。例如，在珠三角地区，新一代信息技术、生物医药、新材料等高新技术产业已经成为经济增长的主引擎。

与此同时，技术创新也在以前所未有的速度推动着产业升级。5G、人工智能、物联网、区块链等前沿技术不仅在各个领域得到了广泛应用，还推动着传统产业的数字化转型和智能化升级。根据中研普华产业研究院数据，我国工业机器人终端市场规模将于 2025 突破 900 亿元大关，部分预测其至达到 1050 亿元，显示出技术创新对产业升级的巨大推动力。

随着我国区域高质量发展战略的推进，高新技术产业、新能源、生物医药等领域，对人才的需求与日俱增。这些领域所需的人才类型也非常具体，如电子信息技术领域急需的是芯片设计师、通信工程师和网络安全专家；而在生物医药领域，则需要药物研发科学家、生物技术工程师和临床试验研究员等。

不仅技术型人才紧缺，管理型人才也同样供不应求。例如，在高新技术产业园区和创新创业基地，对拥有行业经验的项目经理、产品经理和行业分析师等管理型人才的需求不断上升。人才需求的旺盛与供给的不足，造成了人才市场的紧张状况。许多企业为了招聘到合适的人才，积极提高薪资待遇、优化工作环境，但仍然难以满足其业务发展的需求。而对于某些特定的职位，如数据分析师、人工智能工程师等，更是出现了"一才难求"的现象。

对于地方高校而言，这种人才缺口既是挑战也是机遇。一方面，高校需要反思自己的专业设置和人才培养模式，确保培养出的人才符合市场的真实需求，避免学生出现"毕业即失业"的尴尬局面。另一方面，高校也可以利用这一机会，与企业和研究机构开展深度合作，共同培养符合市场需求的高素质人才。

此外，高校还可以通过建立实训基地、开展校企合作项目等方式，为学生提供更多的实践机会和就业渠道，帮助他们更好地融入市场、服务区域高质量发展。

3. 科教兴国战略的提出强化了政府的重视

随着科教兴国战略的提出，政府在其认知层面对教育事业与区域经济建设间的关系给予了更多关注。过去，部分地方政府对于地方高校与区域经济的互动关系缺乏清晰认识，错误地将教育事业与经济建设割裂看待，偏颇地认为高等教育的发展会为地方财政带来过重的负担，还会挤占本应用于区域经济建设的资金和资源，认为地方高校就像是一只光吃粮食不会下蛋的公鸡。随着地方高校在服务区域高质量发展方面的作用日渐凸显，以及政府执政理念和水平的不断进步和提升，现在很多地方政府开始认识到，地方高校不仅会"下蛋"，而且下的个个都是"金蛋"。地方高校与区域经济之间是相互依存、相互促进的。第一，地方高校扮演着人才培养的孵化器角色，能够为本地培养各类专业人才，从而支持经济建设；第二，作为科技创新的中心，地方高校能够为本地高新技术产业的发展和传统产业的升级提供坚实的技术支持；第三，作为服务地方的枢纽，地方高校能够利用其人才和设施资源为社会提供多样化的服务；第四，作为绿色经济的标杆，地方高校能够直接促进本地经济的增长；第五，作为城市形象的代表，地方高校能够显著提高城市的声誉；第六，作为招商引资的桥梁，地方高校能够借助校友网络吸引优秀毕业生资源回流，助力本地的投资和创业活动。因此，地方高校在塑造区域经济软实力方面发挥着关键作用，对服务地方经济的积极作用不容忽视。政府在观念上对教育事业经济服务职能的重视，对于创造有利于地方高校发展的环境以及促进其与区域经济建设的深度融合具有深远的影响。

四　地方高校服务区域高质量发展面临的挑战

在认识到前述发展机遇的同时，地方高校也应客观地面对和评估当前面临的挑战，必须清楚地意识到，发展的道路不会是一片坦途。地方高校若不能准确地识别并妥善应对这些挑战，可能会在前进的道路上遭遇挫折，错失宝贵的发展机遇，进而无法充分发挥其在服务区域高质量发展中的潜力和作用。

1. 政府对地方高校扶持力度的不足

（1）中央政府层面的挑战

首先，政策制定欠缺。虽然《中华人民共和国高等教育法》明确了高校的社会服务职能，但现行法规往往缺乏具体操作性，缺少对高校服务性质、形式和范围的具体规定。这导致地方高校在服务过程中缺乏明确的指导和保障，面临诸多困难。此外，自20世纪90年代末以来，我国推出的高校教学工作评估标准过于偏重教学和科研指标，而对于科研成果的转化和社会服务贡献未能给予足够的重视，从而影响了高校服务社会的积极性。这种评估体系未能全面反映地方高校的实力和水平，降低了其服务区域高质量发展的动力。

其次，政策干预过度。我国高校长期处于政府的严格管理之下，虽然近年来办学自主权有所扩大，但在招生、专业设置、经费使用和人才引进等方面仍受到限制。这种决策体系在一定程度上限制了高校的办学活力和适应市场需求的能力。

最后，政策扶持不足。尽管教育投入总量不断增加，但高等教育投入所占比重下降，地方高校获得的财政经费有限。长期以来的偏向性政策导致地方高校与中央部委直属高校之间的差距不断拉大，影响了其服务区域高质量发展的能力。随着国家科技经费向企业倾斜，地方高校的科研工作面临挑战。

（2）地方政府层面的挑战

地方政府的支持是地方高校服务区域高质量发展的关键，但目前存在一些问题。首先，地方政府与高校之间存在目标不一致的现象。地方政府可能希望高校培养特色人才或提供科技服务，而高校可能更关注提升自身的竞争力和知名度。其次，行政干预过度。地方政府在管理制度上对高校的具体事务干预过多。再次，经费投入不足。一些地方政府因财政困难，对高校的资金支持不足。最后，协调指导不力。地方高校与地方政府之间缺乏有效沟通，合作效果不佳，缺乏促进校政企三方合作的技术平台。

2. 校政企合作机制尚未建立

（1）企业与地方高校存在目标冲突

在校企合作的目标定位上，企业和地方高校之间呈现显著的差异性。作为两种性质迥异的社会组织，地方高校的办学目标通常具有公益性和非营利性，而企业则是以市场需求为核心的，致力于实现利润最大化。

在人才培养上，地方高校倾向于遵循厚基础、宽口径的教育原则，重视培养学生全面的专业技能，旨在拓展毕业生的就业机会，并提高学校的就业率。相对而言，企业则倾向于吸纳能够迅速适应岗位需求的人才，以减少培训开支，并为公司创造更大的经济价值。

在科学研究上，地方高校更注重研究的学术价值和学科领域内的影响力。高校教师在科研成果的产出上往往偏向于理论性研究，而对应用性研究投入较少，认为后者耗时耗力且对个人学术声誉的提升作用有限。与此相反，企业更关注提升技术创新能力，特别是那些能够直接促进产品开发的合作项目，希望以此增强自身的竞争力，实现利润最大化。

（2）企业与地方高校互信机制缺乏

在任何合作关系的构建中，双方互信的根基主要在于对彼此能力的肯定以及信息的透明化。一方面，企业与地方高校在双方能力的认可上存在不足。企业以利润最大化为追求，对于与地方高校合作所能带来的经济效益持保留态度，而高校对企业在吸纳人才、转化科研成果方面的能力和潜在的效益与风险也存有疑虑。另一方面，双方之间信息不对称的问题较为突出。双方在信息、技术和人才交流上并不频繁，缺乏持续有效的沟通，高校也未积极向企业展示自身在人才培养、技术创新和社会服务方面的优势，导致企业对高校的教育资源和科研能力认识不足，这妨碍了双方建立稳定且富有成效的合作关系。加上区域内企业对地方高校的偏见，造成许多企业舍近求远，把眼光投向重点名牌大学，从而制约了地方高校的发展。

（3）企业对地方高校的需求较小

地方高校服务区域高质量发展的力度，一方面受制于高校自身的实力，另一方面也依赖于当地企业的发展状况以及对高校服务需求的迫切性。因此，区域企业的发展现状在一定程度上会影响地方高校服务区域高质量发展的效能和实力的提升。

在人才需求层面，许多经济欠发达地区企业面临规模小、技术水平低和经济效益不佳等问题，导致地方高校难以在当地建立高质量的企业实习实训基地；即便建立了，学生也难以在其中获得有价值的专业知识和技能。另外，地方高校的毕业生普遍认为本地企业的就业机会有限、薪资待遇不高、发展前景不明朗，因此更倾向于前往沿海发达地区就业。

在科研合作层面，许多企业科技含量不高、规模有限，吸收和转化科研成果的能力较弱，这导致地方高校即便产出了优秀的科研成果，也难以找到合适的企业实现转化，或者转化的成功率不高。此外，大型企业通常拥有较强的科技研发能力，并建有自己的研发中心，对外来的技术服务需求较少；而一些中小企业由于产品科技含量低，对研发和创新的需求较小，加之受经济条件限制，缺乏与高校合作的意愿和能力。

第六章 国外高校服务区域发展的
经验与启示

各个国家的高等教育制度均是其经济体系的映射，旨在支持本国的经济发展。西方高校在科研、教学和社会服务等方面的功能日益成熟，且与社会的互动关系愈发密切。显然，国外一些高校通过教育改革来发挥其社会服务功能，积极寻找方法以促进自身与地区经济建设的互利发展。尽管不同国家在高等教育服务区域发展的模式上各具特色和优势，存在一定差异，但他山之石可以攻玉，值得我们借鉴。因此，吸收国外成功的经验对于推动国内地方高校更好地服务区域高质量发展是有益的。

第一节 国外高校服务区域发展的
主要模式

西方高校的起源可追溯至中世纪文艺复兴时期，随着资本主义经济的兴起，大学开始与地方经济紧密结合，致力于服务地区发展。到了 20 世纪中叶，随着信息技术的迅猛发展，作为人才培养、知识和技能生产基地的高校已经成为国家实力的象征，知识经济时代的来临使世界各国充分认识到，高等教育是经济腾飞不可或缺的动力源泉。为此，各国纷纷进行高等教育改革来强化高校服务社会的职能，积极寻求有效模式促进大学与区域经济、社会之间的互动发展。西方高等教育机构的科研、教学、社会服务功能发展日趋完善，高校与社会的互动发展关系也日益紧密①。

一 美国科技工业园区模式

这种模式的特点是将高校科学技术研究作为核心，借助高校的重点实验机构和优势学科，整体打造地区的知识创新体系，促进产业集群化，使其成为推动新经济增长的关键区域。1951 年，美国斯坦福大学建立了微电子研究和生产基地——斯坦福工业园，这是世界上最早的科技工业园区之一，后来该地区发展为硅谷；随后，北卡罗来纳州研究三角园区、波士顿128 号公路高技术园区等众多大型科技园区涌现。英国和德国仿效美国，在大学周围建立牛津科学园和慕尼黑科技园等世界著名的高新技术产业园区，推动了电子信息产业集群的发展和壮大，打造了引领本国经济发展的新增长极。这些科技园区的建立，不仅丰富了大学服务职能的内涵，还促进了社会服务质量的飞跃，对美国产业结构的优化、竞争力的提升和就业率的增加都产生了显著影响。在联合研发模式中，企业出资、大学

① 张人崧、伍新德：《国外高校服务地方经济的演变、模式与经验》，《中国成人教育》2012 年第 4 期。

提供研究团队，双方共同开发，有助于科研成果的快速转化。而校企合作则是指大学在研发出具有商业潜力的新技术后，与企业合作成立公司，进行商业化运作，利润由双方共享。正如德里克·博克所言："我们不知道一个没有大学的城市会更富有还是更贫穷，因为谁也无法预知一个没有像大学这样的机构存在的社区会是怎样的一个情况。但是，我们相信，相对来说，很少有其他方式可以像大学那样给一个城市带来如此大的经济效益。"[1]

从美国的科技工业园区模式兴建的形式分析，大致可以分为以下三类。

1. 由企业组建

以波士顿 128 号公路高技术园区为例，这条始建于 1951 年的公路，如同一条半圆光环，紧紧环绕着波士顿这座城市。从 20 世纪 50 年代起，上千家科研机构沿着这条公路破土而出，包括从事高新技术研究、发展和生产的机构和公司，成为美国军事科技领域和微电子技术革命的主要研究中心之一。

2. 由州政府组建

北卡罗来纳州研究三角园区（RTP）成立于 1959 年，是由州政府主导建立的。该园区以杜克大学、北卡州立大学和北卡大学教堂山分校三所研究型大学为支撑，通过提供税收优惠等激励措施，吸引研究单位和企业入驻。州政府的这一策略旨在将三所大学的科研实力联合起来，打造一个以研发为核心的科学园区，以此推动北卡罗来纳州高科技产业的成长，并促进

---

① 颜建勇、李丹：《论变革时代的大学与有组织科研——基于地方高水平大学建设的思考》，《大学与学科》2024 年第 3 期。

当地经济的繁荣。经过数十年的发展，该园区已经集聚了科研和制造的优势，吸引了众多企业和国家级研究机构，推动了该地区经济的快速增长。

3. 由大学组建

斯坦福工业园是由大学自行组建的科技园区，它的成功促进了硅谷的崛起。斯坦福工业园是全球最大的微电子工业中心，并且成为美国乃至全球科技工业园区的标杆。园区内的高新技术企业大多源自大学实验室的成果转化，例如早期衍生的离子技术公司、高电压设备公司等。类似模式也在其他地区复制，例如波士顿 128 号公路附近的肯德尔园区发展为生物技术中心，覆盖范围约 8 公里，已聚集近百家生物技术公司，其中大多数与麻省理工学院和哈佛大学密切相关。

二 英国剑桥模式

剑桥大学是社会服务领域的标杆。20 世纪 70 年代，英国围绕剑桥大学建立了科技工业园区，而进入 80 年代以后，在剑桥地区涌现了大量的高技术公司，这被誉为"剑桥现象"①。目前，剑桥大学周围已有 1000 多家创新型公司，是欧洲最大的高科技工业聚集区。

剑桥模式的形成是众多因素长期相互作用、累积的结果，但关键因素之一是剑桥大学在该地区发挥的核心作用。作为科技成果、人才资源、风险资本和房地产的集散地，剑桥大学为当地高科技企业的崛起提供了不可或缺的支持。它不仅凭借在

---

① Scott, Norman R., "Strategy for Activating University Research", *Technological Forecasting and Social Change*, 1998, 57 (3): 217-219, 221-223.

物理学、计算机技术和生命科学等领域的研究实力，为区域高技术公司的成长奠定了坚实的基础，还为这些公司持续输送其生存和发展所需的专业技能。剑桥模式主要有以下特征。

1. 与教学公司合作

通过与教学公司合作，搭建大学与产业界的桥梁，培养更多高级工程技术人员和技术专家，进而提升工业生产效率和产品竞争力，为企业发展注入新的活力。

2. 校企联合研发

大学与企业通过跨学科的合作研究与开发，强化技术创新意识，应对技术挑战，从而实现双方在多学科领域的合作。

3. 校企共同培训

由大学与企业共同组织培训，允许企业员工参与大学的短期专业培训课程，或由企业聘请大学教授，针对公司项目和计划对其新入职员工进行培训。例如，沃里克集团与全球超过50家企业建立了合作关系，包括罗尔斯·罗伊斯、英国航空航天公司、肖特兄弟公司等，不仅开展管理培训研究生培养，还发展成为拥有200名研发人员、100名博士的研发中心，同时为3000多名企业员工提供研究生课程培训，被誉为"欧洲最大的工程研究研究生培训中心"。

4. 设置联合教授

自1982年起，萨尔福德大学与企业合作设立了"联合教授"席位，即大学与企业共同设立教授职位，以满足公司需求，相关薪资和其他费用由双方共同承担，行政管理也由双方共同负责。

三 德国 Fraunhofer 联合体模式

德国在世界经济增长过程中所取得的领先地位，与它执着追求科技发明、高水平的教育以及高质量的产品紧密相连。它的成功有赖于产学研合作模式的有效推行，Fraunhofer 联合体也在其中发挥了独特的、富有生命力的作用。

Fraunhofer 联合体，即弗劳恩霍夫协会（Fraunhofer-Gesell-schaft），是德国的一个大型应用研究组织，成立于 1949 年，以科学家约瑟夫·冯·弗劳恩霍夫的名字命名。该协会在德国拥有 76 个研究机构、3 万多名员工，每年的研究预算约为 29 亿欧元，其中 25 亿欧元用于合作研究领域。Fraunhofer 联合体的研究领域广泛，包括信息与通信技术、生命科学、微电子、光学与表面、生产、材料、国防与安全等。这些研究机构在各自的领域内进行应用研究，旨在将科学技术转化为新型产品和应用，推动经济发展和创新。

Fraunhofer 联合体的组织结构既分散又统一，虽然基本上是一个去中心化的组织，但其结构也允许实施统一商定的战略和有效的中央管理。协会内部有各种组织机构负责协调和领导整个组织。

Fraunhofer 联合体的合作模式多样，包括一次性合同、大型项目合作、国际合作、战略合作伙伴关系、创新集群和衍生企业等。这些合作模式旨在促进产学研政合作，推动科技成果的转化和应用。

此外，Fraunhofer 联合体还积极参与国际合作项目，与全球的优秀研究伙伴和创新型公司合作，确保与当前和未来科学进步及经济发展最重要的地区直接接触。Fraunhofer 联合体的经费来源包括政府资助和产业合作研究。这种资金制度使协会能够在面向产业的应用研究和面向未来发展的创新研究之间保持动态平衡，Fraunhofer 联合体以其公认的实际应用成就，在德国乃至世界上赢得了崇高的声誉，为社会和经济发展做出了重要贡献。

四 日本国立大学模式

日本政府、产业界与高校建立了密切的科研合作关系，对高校在振兴科技和发展经济等方面寄予厚望。早在 20 世纪 60 年代，日本就启动了官、产、学合作的发展计划，政府在推进官、产、学合作方面采取了一系列有效的措施，对合作内容、经费负担以及设备利用等都通过制度进行了明确。政府与产业界不惜投入巨资，加强高等教育的教学与科研力量，为其配备世界一流的设备，把诸如宇宙科学、生命科学、核聚变研究等重要的基础研究委托给高校。日本在"产学合作"中不仅积极推行委托研究制度，还建立了"官、产、学"三位一体的科研体制。由于日本国立大学具有较高的科研水平和技术创新潜力，在政府的支持下，这些大学已经发展形成多种合作模式。

第一，自 1983 年起，共同研究制度允许大学研究人员与企业就共同感兴趣的课题进行合作，将学术研究与工业技术相结合，取得了卓越的成果。根据这一制度，合作双方共同拥有产生的发明和专利，包括专利申请权，任何相关的国家专利都允许合作企业在一定期限内优先使用。

第二，委托研究制度允许企业或政府部门委托国立大学进行特定研究。国立大学利用企业提供的资金进行研究，并将成果反馈给企业，以支持其研发活动。在这种制度下产生的专利被视为国家专利，委托方有权在一定期限内优先使用。

第三，委托研究制度使企业技术人员能够到国立大学接受研究生级别的指导，掌握最新的研究进展。这有助于提高企业的研发活力。

第四，教育捐赠的财务制度对国立大学至关重要。作为国家机构，国立大学的财政收支受到严格监管。教育捐赠的财务规定使得国立大学能够接收来自企业和个人的捐赠，这些捐赠对于国立大学的学术研究活动至关重要。捐赠资金首先上缴国库，然后国家会返还等额的资金给国立大学，由国立大学根据捐赠者的意愿灵活使用——进行学术活动或建立研究机构。

第五，共同研究中心的建立为国立大学与产业界的合作提供了平台。自1987年以来，日本已有52所国立大学建立了共同研究中心，它们不仅是国立大学与企业共同研究的场所，也是企业人员接受国立大学培训的课堂。

五　韩国高校创业教育模式

自20世纪80年代以来，韩国的高校创业教育取得了长足发展，已经建立了一个以5所"创业研究生院"为枢纽、覆盖全国的创业教育网络。这些"创业研究生院"专注于创业教育的课程特色化，并将其与地区产业的发展紧密结合，推动了创业教育向专业化发展，并培养了多样化的人才。韩国受传统的儒家文化与现代教育观念的影响，其高校的创业教育既有本土特色又具有国际视野。这种教育模式不仅培养了学生的创业精神和能力，还促进了学生对国际市场和文化的理解与适应。

韩国在大学生创业教育领域吸收了美国的经验，以创业过程为核心来设计创业教育课程。课程内容从本科延伸至研究生层次，全面覆盖了创业的五个关键领域：创业基础、战略与商机探索、资源配置与商业规划、企业融资以及企业的快速成长。在本科阶段，课程内容包括但不限于创业精神与新企业建立、创业实践、新兴技术企业的创办、投资财务、企业成长策略、创新思维技巧、家族企业的经营、寻找最佳创业机会，以及非营利组织的创业精神等。而在研究生层次，除了深化本科课程内容之外，还增加了风险投资、市场推广、企业投资与退出策略、组织行为和管理等高级课程。这些课程均强调国际化视野，旨在培养学生全面分析和评估各种创业方案的能力，帮助学生对创业项目的可行性和未来发展趋势做出明智的决策和判断。

在创业教育领域，韩国高校不仅广泛开设相关课程，还构建了学校与企业之间的互动网络生态系统。其中，第一课堂的重点是培养学生的创业精神和传授创新理论知识及技能；第二课堂则侧重于体验式学习和实践操作。通过社会调研、企业参观、创业计划竞赛、案例分析等多样化的实践活动，学生能够将理论知识与现实情况相结合，将创业理念与实际操作相融合，从而将创业意识转化为实际行动，使创业教育更加具有针对性和实用性。韩国高校的创业教育深入学生生活，强调实践体验，注重实际操作，激发了社会资源的潜力。

第二节 国外高校服务区域发展
对中国的启示

从国外高校在服务区域发展方面的经验和模式中可以看出，各国高校的服务形式和模式不同，但服务区域发展已经成为其核心任务之一。具体来说，国外高校在服务区域发展方面的职责主要表现在以下方面：首先，政府对高校的社会服务职能给予了高度的关注和重视；其次，高校提供的服务内容涵盖了广泛的领域；再次，地方高校在社会服务方面的组织结构趋向规范化和实体化；最后，高校不断拓宽其社会服务的领域。国外高校在服务区域发展方面的成功经验为我们提供了宝贵的借鉴。

一 构建多元化办学的高等教育体系

地方大学和私立大学在推动地方经济发展中扮演着关键角色。以日本为例，国立大学主要负责培养顶尖人才，而地方大学和私立大学则更多地提供普及教育，承担着普及高等教育的使命，满足社会对多样化和多层次人才培养的需求。反观我国，尽管民办高校发展迅速，但社会力量办学还处于辅助地位，民办高校的学生占比相对较低。在探索多元化办学模式方面，仍面临不少制度性的挑战，与发达国家之间仍有较大差距，这在一定程度上限制了我国高等教育体系的全面进步。

改革开放以来，我国逐步建立起以公有制为主体、多种所有制经济共同发展的基本经济制度。高校的办学模式也应当与这一现实相适应，既要以公立大学为主，也要积极培育民间办学力量，构建公立和私立教育机构并存的多元化高等教育体系，以更有效地满足地方经济建设和发展的需求。

二　构建分类培养的高校人才培养体系

社会对人才的需要是分层次的，是多种多样的，作为培养人才的高校，也有不同性质、类型和水准之区分[①]。美国各地的赠地学院会根据当地区域发展的实际情况和现实需求，开设匹配对口专业，培养当地所需的合适人才，为当地经济社会尤其是农业和工业的发展提供优质服务。我国地方高校在发展定位上存在目标模糊、模式单一、缺乏特色的问题。部分地方高校追求高层次教育，导致教学重心偏离，转向基础学科教育；同时，一些地方高校的课程体系和专业设置与地区经济社会发展的实际需求脱节，这与国外大学专业分类清晰、定位明确和发展有序形成鲜明对比。

因此，为了构建分类培养的高校人才培养体系，我国地方高校需要积极转型，根据自身的优势和区域经济的实际需求，调整办学方向、优化专业和课程结构，向应用技术型教育转型，积极履行服务地方经济社会发展的重要职责。

三　建立长效校政企合作机制

国外高校在服务区域发展方面，建立众多合作组织，呈现区域联合的趋势。例如，波士顿高等教育合作组织由 28 所高

---

① 刘道玉：《论世界一流大学的建设——从创造性与大学精神谈起》，《高教探索》2004 年第 2 期。

校构成，旨在提升波士顿公立中小学的教育水平，吸引了商业机构、工会和中小学的参与。总体而言，合作组织的建立有助于集中资源和优势，实现资源共享，为国外高校服务区域发展提供平台。

相比之下，由于各种因素，我国在"校地合作""校企合作""校校合作"等方面尚未建立起有效的合作机制，甚至缺乏基本的资源共享平台，地方高校在服务区域高质量发展时往往力不从心或孤立无援。因此，为了提高地方高校服务区域高质量发展的能力，我国应积极推动地方高校与地方政府、企业及其他高校建立多样化的信息和技术合作联盟，形成长期合作机制，实现资源共享、优势互补和互利共赢。

四 建立健全的高校科技成果转化体系

建立健全的高校科技成果转化体系是一个复杂的任务，需要清晰界定政府、社会和高校的角色，并发挥三方的协同效应。首先，应发挥政府的引导和调控作用。一方面，政府应持续推动高校与企业和科研机构联合办学，共同建立产业发展研究中心、战略性新兴产业研究中心以及跨学科的研究、实验和教学中心，以培养能够引领区域经济转型和支撑产业调整的学术科研中心。另一方面，政府应建立多元化的科技成果转化交易市场，完善转化和推广机制，构建产品互联网推广平台和营销中心，以及完善实体和虚拟电子商务市场的服务体系。

其次，应吸引社会力量支持高校的科学研究。一方面，应建立多元化的融资体系，包括校友捐赠基金、企业风险投资基金、中试转化基金等，以支持高校科技成果转化。另一方面，应建立第三方中介机构，提供信息沟通、技术评估、法律咨询、组织协调和知识产权服务，推广具有自主知识产权的先进技术品牌和区域科技创新专利。

最后，应组建科技城和区域大学联盟，建立高新技术企业孵化基地、创新资源集聚基地和公共服务基地，广泛吸收和整合社会科技创新资源。例如，可以借鉴美国常春藤联盟、英国罗素大学集团、澳大利亚八校联盟等国际经验，进一步优化科技资源配置以及融合各大学的科技创新能力，从而形成强大的创新合力。

第七章　我国地方高校服务区域
高质量发展的创新实践

进入新时代以来，我国地方高校对推动地区高质量发展发挥了巨大支撑作用，也积累了丰富的创新经验。通过案例研究对这些经验进行系统梳理与总结，既是拓展社会服务理论的必然要求，也是进一步推进地方高校服务区域高质量发展的重要基础。

第一节　校农结合：来自贵州 Q 学院助力
乡村振兴的实践

一　Q 学院概况

Q 学院是一所位于贵州的于 1952 年开办的以师范教育为特色的地方高等院校，也是贵州省第一所升格为普通本科院校的地方院校。Q 学院 2007 年通过教育部本科教学水平评估；2011 年成为贵州硕士学位授予立项建设单位和"服务国家特殊需求人才培养项目"研究生培养试点单位，是贵州省最早独立开展研究生教育的新建本科高校；2014 年加入全国应用技术大学（学院）联盟并成为教育部 20 所转型发展案例院校之一，同时被贵州省教育厅确定为向应用型高校转型发展试点学校及"贵州省少数民族预科教育基地"；2015 年获评国家首批产教融合发展工程项目高校；2016 年入选全国 100 所"职业教育产教融合工程规划项目"支持学校；2017 年通过教育部本科教学审核评估，获专家组"高水平、有特色"评价；2018 年高质量通过国务院学位委员会验收；2020 年获评国家级继续教育基地；2022 年入选教育部师范教育协同提质计划高校。学院占地 94.33 万平方米，教学用房 12.15 万平方米，实验室 4.28 万平方米；教学科研仪器设备值总计 13430.96 万元；图书 142.52 万册，电子期刊 3.20 万种；省级劳动教育基地 3 个，实习实训基地 98 个；建有计算机科学与技术等 4 个省级一流学科，教育学等 11 个省重点学科；省级 2011 协同创新中心、省高校重点实验室、省高校工程研究中心等 41 个①。

学院现有 55 个本科专业，分属文学、理学、教育学、法学、经济学、历史学、管理学、工学、艺术学、农学等十大学科门类。学院坚持"师范性、民族性、地方性，应用型"办学定位特色，坚持师范教育办学底色，立足贵州南部民族地区，面向全省、辐射滇黔桂地区，聚焦"中国天眼""亚洲磷都"等特色资源，培养扎根民族地区、服务基础教育、服务地方经济社会发展的"一扎根两服务"高素质应用型人才，已培养

---

① 资料来源于 Q 学院官网。

10 万余名毕业生，是民族地区基础教育师资培养摇篮、地方主导产业高端智库和人才培养基地。此外，学院在全省率先领办易地扶贫搬迁学校，创新"U-G-S"协同育人模式，推动基础教育优质均衡发展，完成教师国培、省培 3 万余人；创建"校农结合"模式并在全省教育系统推广应用，助推卡蒲毛南族乡毛南族整族脱贫。2017 年，学院响应国家"农校对接"号召，将高校优势与农村"三农"需求有机结合，借助政府、企业、学校、合作社、农户、配送中心等多元主体的优势，通过协同合作，逐步发展衍生成一种产业化利益联合体。

二 Q 学院"校农结合"助力乡村振兴的演进历程

1."输血式"校农结合的助力乡村振兴模式

根据习近平总书记"消费扶贫行动""发展产业是实现脱贫的根本之策"的重要指示，Q 学院通过消费扶贫行动带动帮扶村产业发展，利用高校优势资源及平台，通过食堂和教职工家庭两大渠道采购贫困村农产品，帮助贫困农村调整农产品生产结构、发展产业，实现脱贫，开创了"定点采购、产业培扶、基地建设、示范引领"的精准扶贫模式①。通过"校农结合"对口帮扶，帮扶对象"一村一特，一村一品"的产业发展格局初步成形。但随着"校农结合"的规模、面积、基地不断扩大，学院的需求量相对不足，出现了产品"短期过剩"现象，导致脱贫攻坚的成效和力度受到影响。

---

① 李庭坤：《发挥高校优势 助力民族地区乡村振兴》，《贵州民族报》2020 年 11 月 10 日，第 A3 版。

2. "造血式"校农结合的助力乡村振兴模式

2019 年学院根据习近平总书记提出的"防止返贫和继续攻坚同样重要，已经摘帽的贫困县、贫困村、贫困户，要继续巩固，增强'造血'功能，建立健全稳定脱贫长效机制"[①]要求，深入推进农村产业革命，深化拓展"校农结合"扶贫模式，打造"乡厂校店"升级版，促进扶贫产业向规模化、标准化、市场化发展[②]，打破单一结构，创新多元利益联盟，并自主开发了"校农结合"精准扶贫软件、建立了"校农结合+"大数据平台，完成定点扶贫村所有贫困户信息发布平台、手机客户端采购 App 安装，完成农户种植、销售、收入及产业数据的互联互通与资源共享，实现消费几何级数增长，推动校农结合产销对接取得重大突破，助力脱贫攻坚和农村产业革命。

三　Q 学院助力乡村振兴的主要做法

Q 学院在地方各级党委和政府的指引下，以学院帮扶贫困村为治理对象，以"校农结合"为主要途径，充分利用"校、政、企、农"等治理主体的优势和功能，实现优势互补，多元协同共治，服务区域高质量发展。

1. 搭建校企合作平台，推动产业发展

在助力乡村振兴的过程中，为使更多的人才、资源和资金在乡村集聚，在帮扶乡形成"一乡一特""一村一品"格局，

---

① 习近平：《参加十二届全国人大五次会议四川代表团审议时的讲话》，《人民日报》2017 年 3 月 9 日，第 1 版。

② 王秋敏：《地方高校助力乡村振兴的问题与对策研究——以黔南民族师范学院为例》，硕士学位论文，贵州大学，2022，第 19 页。

进而推动产业发展，Q学院吸引陕西杨凌金栗农业科技有限公司、贵州康之源民族产业发展有限公司、平塘县达康农业旅游、平塘县天源农业发展有限责任公司、平塘县校农对接供销有限公司等企业入驻"校农结合"基地，引入广东伟泓教育公司投入400余万元创建旅游拓展训练基地，将乡村旅游、素质拓展与体验式种植养殖有机结合，逐步实现消费助农向产业化、规模化发展。

2. 宣传教育下基层，培养绿色循环发展意识

Q学院倡导学院师生和农户培养保护自然、顺应自然、尊重自然的生态文明观念，珍视乡村的本土特色、田园风光和农业生态系统，追求人与自然的和谐共生。学院激励师生参与乡村生态振兴活动，通过实践活动强化生态保护意识。比如，每学期至少组织一次"绿意盎然，美丽乡村"活动，活动内容包括在荒废土地上植树种草、美化农家环境、体验农耕养殖、助力农村休闲旅游业等，让师生深入结对帮扶的村庄，将学科优势、教学科研、学生实践与乡村生态保护、生态经济、环保宣传、污染治理等紧密结合，强化调研和实践。同时，农户也积极响应相关部门和基层党组织的号召，参与多样化的环保教育活动，树立绿色生活理念，增强对可持续绿色发展的认识，提升对生态友好型乡村振兴的认同感。

3. 加强人才交流，推进乡风文明

乡风文明是乡村振兴的精神支柱和文化软实力，为乡村的繁荣发展提供智慧和精神动力。Q学院通过"校农结合"模式，在推动乡风文明方面采取了多项措施。首先，学院率先接管了S县C社区的2所小学、2所幼儿园和希望学校的初中部

等 5 所义务教育学校，派遣了 4 名核心教师担任教学副校长，以及 122 名师范生补充教师团队，这一举措得到了省级领导的肯定。

其次，学院开展了易地扶贫搬迁学校的教师培训工作。2019 年，学院被批准为"易地扶贫搬迁学校师资培养人才基地"，共培训了全州 8 个县市的易地扶贫搬迁中小学教师 1822 人。

再次，学院致力于培养"接地气、服水土"的人才。在贫困乡村建立实践、实习、实训和成果转化基地，并为高年级学生开设了"习近平扶贫重要论述"课程。

最后，学院重视中华优秀传统文化的传承，致力于培育具有民族特色的文化品牌。利用自身的人才和科技优势，学院不仅在物质上扶贫，更在智力上"扶智"，从根本上提升乡村的文化氛围，为乡村人才的振兴注入了新的活力。

第二节　校地共生：L 学院与区域经济
社会协调发展

"共生"这个概念最初源自生物学，描述的是不同生物体之间的自然关系，由美国微生物学家和分子生物学家林恩·玛格丽丝（Lynn Margulis）等学者提出。它强调共生关系的核心是协作与合作，是一种旨在实现共同利益、相互促进的生存和发展原则，而非单方面依赖。在现代社会，共生关系同样适用于人与人之间、人与自然之间，共生理念有利于构建一种多主体相互依赖、和谐共处的命运共同体。20 世纪 50 年代以来，共生理念逐渐影响社会各个领域。在当今这个相互依赖、追求合作共赢的时代，地方高校与区域经济社会发展紧密相连。为了实现自身的发展，地方高校需要依赖地方社会提供的物质条件和特色资源，同时也要承担社会责任，为地方社会的发展做出贡献，在服务地方的过程中实现其教育目标和价值追求。对地方社会来说，经济增长同样需要高等教育的支持，高校能够为地方建设培养高素质的劳动力和提供技术支持，为地方发展提供多元化的服务。因此，高校和地方社会必须增强共生意识，共同参与到地方社会的建设中去。

一 L 学院概况

L 学院是所处地级市的最高学府，在 2010 年由高等专科学校升格为普通本科院校，2016 年被省教育厅列为向应用型转变试点高校。2021 年被省教育厅列为应用型本科高校建设单位。目前，学院拥有三大校区，占地面积 131.99 万平方米，建筑面积 66.53 万平方米。现有全日制在校本科生 2 万余人，设有 16 个教学单位，46 个本科专业，涵盖文学、理学、工学、法学、农学、管理学、教育学、历史学、艺术学等 9 大学科门类①。

学院坚持"科研强校"战略，确立了"卓越理工、特色文科、精湛艺体、优等师范"的学科布局。现有特色农产品深加工省级协同创新中心等 6 个省级科研平台和特色植物资源化学实验室、有机废弃物资源化综合利用实验室等 7 个市级重点实验室。

---

① 资料来源于 L 学院官网。

学院不断强化人才培养的核心地位，构建了"校内实训+校外实战"的大实践体系，形成了独具特色的实践教育模式。对内加强立德树人模式改革，对外先后与俄罗斯圣彼得堡国立技术大学、俄罗斯罗尼日国立林业大学、马来西亚理科大学、西安交通大学等多所国内外重点高校建立了战略合作关系。与央企、地方企业（行业）共建了产业学院和产学研培基地，服务区域经济社会高质量发展。

二　L 学院服务地方的具体举措

在区域经济发展壮大并形成自己的经济特色时，高等教育的支持与服务显得尤为重要，这就对高等教育提出了要求，即其必须助力地方社会的经济、政治和文化发展。近年来，L 学院致力于通过四大途径服务地方：一是培养适应地方需求的应用型人才；二是开展应用型科研活动；三是提供信息决策咨询服务；四是主动开展社会服务。

1. 培养适应地方需求的应用型人才

地方高校在培养人才时必须与当地经济的发展需求相匹配，这是它们必须确立的方针和必须实现的使命。L 学院位于交通不便、发展相对滞后的贫困山区，这无疑增加了吸引和留住人才的难度。然而，L 学院通过深入研究当地社会状况，了解当地的人才需求，实施了多元化的人才培养策略。学院利用其作为地方教育机构的优势，成功地满足了当地经济和社会发展对人才的需求。

首先，为了加强学生的职业适应性和岗位技能，L 学院致力于培养具备扎实实践能力的应用型人才，并在人才培养模式上进行了一系列改革与创新。L 学院与当地县政府合作办学，设立教学基地，承担学生的实习实训、文化教育协作、农村人才开发、校企合作、科技协作、文化艺术交流以及重大课题研究等工作。教学基地为 L 学院的师生提供了机械设计、电子技术、网络应用等方面的专业技能培训，并开展了中国书画、数字艺术、环境艺术、陶艺设计等人文艺术领域的实践训练。同时，教学基地依托 L 学院的优势学科和优秀师资队伍，与地方政府、企业、社会团体和行业建立了紧密的合作关系，为全国的政府机构、行业、单位和团体提供了包括委托培训、高端培训、课程研修、能力提升在内的多样化教育培训服务，并根据客户需求提供个性化的教育解决方案。此外，L 学院还采取了"请进来指导，走出去交流"的策略，推动本地非物质文化遗产在全国的传播、展示和交流，发挥高校在地方非物质文化遗产传承和推广方面的示范和引领作用。L 学院还为在校学生制定了实践教学计划，文科学生 4 周，理科学生 8 周，工科学生 16 周，以确保学生能够在真实的工作环境中得到充分的锻炼。

其次，为了形成大学与中小学校互相促进、共同发展的新机制，共同探索有效的教师教育人才培养模式，L 学院在 5 个县（区）共 70 所（春季 15 所、秋季 55 所）中小学校开展顶岗支教项目合作。2017 年 L 学院共派出 269 名（春季 75 名、秋季 194 名）师范生顶替中小学缺额教师岗位。同时，市教育局派出 110 名乡村小学教师到 L 学院进行为期两个月的培训。顶岗支教项目的实施，有效改善了本市中小学师资短缺、水平偏低等问题，使乡村教师更新教学理念，树立现代教育思想，优化知识结构，拓宽知识面，提高教育教学能力。

最后，为了培养具备实践技能的应用型人才，L学院致力于强化与企业的联合培养机制，不断深化校企合作，拓宽合作领域，加强深度合作，以实现双方的优势互补和资源共享。这不仅有助于提升学院的教育质量，也有利于企业提升员工的专业素养，促进双方的共同成长。L学院已经与包括本市军民融合协同创新研究院、山西绿色光电产业科学技术研究院、山西思软科技有限公司、山西微风无人系统科技有限公司、山西中阳钢铁有限公司、明德物业在内的众多企事业单位建立了合作关系，并签订了战略合作协议，确立了长期稳定的校企合作伙伴关系。学院根据企业的具体人才需求，对学科和专业进行了优化调整，并利用企业的技术和设备资源开发了新的专业方向。在教学过程中，学院重点培养学生的实践技能，构建了以能力培养为核心的特色教学体系。此外，学院还与企业合作建立了实习实训基地和研发实验室，共同开展教学和就业指导工作，同时推进人才培养和校园招聘活动，有效解决了专业技术人才短缺和培训周期长等问题。

L学院正努力打造一个与政府、企业和乡村紧密相连的开放式教育培训网络，利用学院的专业技术人才和资源优势，建立长期的培训机制。学院致力于为各行业和企业提供包括技术服务、人才培养和技术交流在内的全方位支持。以化工系为例，该系已成功为山西大土河有限责任公司举办了三期培训班，共计培训员工120名，有效提升了员工的专业素质和企业的核心竞争力。在2013年，L学院教育系负责实施"幼儿教师国培计划——山西省农村幼儿教师培训项目"，吸引了来自全省的 300 名幼儿教育骨干教师参与，通过培训，这些教师在推动农村学前教育发展和提升教育质量方面发挥了积极的示范和指导作用。2017 年暑假期间，L 学院建筑系承担了"吕梁山工匠"（建筑专业）的培训任务，吸引了全市 13 个县（市、区）的 350 名农村建筑工匠参与。这次培训不仅帮助一批有劳动能力的贫困群众掌握了实用的操作技能，还赋予了他们脱贫致富的能力，使他们能够通过自己的辛勤劳动实现脱贫。L 学院的目标是建成一个值得信赖、能够有效服务社会，并且可靠的优质社会教育培训基地，为区域的发展做出更大的贡献。

2. 开展应用型科研活动

应用型科学研究具有实用性强、地域特色鲜明和成果转化率高等优势，在地方经济和社会发展中发挥着不可或缺的作用。科技进步是推动地方经济结构优化的关键力量，先进的高新技术有助于持续改进和优化地方的经济产业格局。L 学院主要的做法如下。

第一，开展技术咨询指导。这是地方高校提供科技服务的一种直接且应用广泛的方法，即学院的研究者或技术专家直接深入企业或农村，解决他们面临的科技问题。这种模式通常不需要巨大的人力、资金和时间投入，却能带来显著的实用效益，甚至可能为研究工作带来意外的收获。L 学院每年定期组织师生参与下乡实践，派遣专家团队和技术人员深入乡村，与村民亲切交流，深入了解他们的生产生活状况。专家们会深入田间地头，实地考察大棚种植的番茄、豆角、青椒等蔬菜的生长情况，仔细询问种苗、野生蘑菇、木耳的种植、采摘和销售情况。L 学院还设立了农业技术培训室和日间照料中心，不仅推广农业技术，还为当地居民提供现场技术咨询，深受当地群众好评和欢迎。

第二，共同开展技术研发。共同开展技术研发是指高校通过多样化的合作形式，与政府或企业携手进行研发活动，涉及的合作方不是单一的，而是一个或多个集体。学院与地方企业合作建立科研中心和成果转化机构，实现人才、技术设备等优势资源的共享，这种合作模式有助于加速科研成果转化，既提升了学院的科研水平，也帮助企业解决了生产中的技术难题。L学院生命科学系的食品科学与工程专业专注于果蔬、粮油、肉类、蛋类、乳制品等产品的加工技术研发，以及生产现场管理、物流监控、卫生监督、质量控制、检验检疫和生产记录的审核。该专业积极与山西双合成工贸有限公司、山西宁化府食品有限公司、市质量技术监督局检验所等多家单位合作，共同进行技术研发和项目合作，为推动地方食品产业的发展作出了显著贡献。

第三，推进科研成果转化。2017年11月，L学院发布了《促进科技成果转化实施办法（试行）》，其中明确了科技成果转化的多种方式，如无偿转让、授权使用、按市场价格评估后作价投资以换取股份或出资比例，以及其他通过协商确定的方式。在技术转让方面，L学院已经涉足多个领域。例如，生物科学领域的研究团队为当地家禽养殖场提供了多项实用技术，包括自动化饲料投放车、节能环保型家禽养殖棚、小型食品速冻冷藏两用设备、果蔬农药残留检测器等。化学化工研究团队则开发了杀菌剂丙硫菌唑及其中间体的合成方法，这种杀菌剂广泛应用于防治禾谷类和豆类作物的多种疾病，对几乎所有麦类作物的病害都有良好的防控效果，为提升地方农作物的产量和质量做出了重要贡献。

3. 提供信息决策咨询服务

大学是创新思想的发源地、倡导者、推动者和交流的枢纽。L学院汇聚了众多高学历人才，扮演着"信息中心"和"智力中心"的角色，承担着为当地经济和社会发展提供信息支持和决策咨询的重任。

首先，在信息支持方面，L学院通过多种途径履行其传播职能。一方面，学院为地方政府、企业和乡村建设收集资料并提供经过深入分析的信息，帮助它们迅速把握和应用。L学院的逸夫图书馆和电子资源阅览室也向社会开放，便于各类组织和企业高效地获取所需信息。另一方面，学院与地方政府和其他组织合作，举办各类知识讲座和演示活动，如法律知识普及会、消防安全学习会、艾滋病防治宣讲会、电信安全讲座等，提升公众的防范意识和自我保护能力。

其次，在决策咨询方面，L学院与市委每年联合举办经济研讨会，汇聚校内外专家的智慧，为地方经济发展出谋划策。2016年，学院参与了本市国民经济和社会发展第十三个五年规划纲要等重要文件的制定，为地方决策提供了宝贵的参考。2017年，学院举办了"资源型城市经济转型与可持续发展论坛"，邀请了国内多所知名高校的专家学者共同探讨资源型城市经济转型的路径，为地方政府的科学决策提供了理论支持和实践指导，对推动地区的经济转型和可持续发展具有深远影响。

4. 主动开展社会服务

L学院作为该地区的最高学府，汇聚了众多高学历人才，以创新精神和深厚的文化底蕴为当地经济社会发展贡献力量，同时也为学院自身的发展创造了良好的外部条件。

首先，学院提供了先进的设施设备供社区共享。L学院通过错峰管理制度，确保在不影响正常教学活动的前提下，向社区及附近村庄居民开放自习室、多媒体中心、逸夫图书馆、运动场、体育馆、实验室、生物标本馆、音乐厅和学院餐厅等设施，提供学习和娱乐服务。此外，学院还定期组织社会人员旁听课程，让更多人体验大学生活。

其次，学院积极开展暑期"三下乡"社会实践活动。在团组织的精心安排下，学生深入农村、工厂和社区，开展志愿服务，促进当地发展，同时在实践中学习成长。2017年的暑期社会实践以"汇聚青春力量 助力脱贫攻坚"为主题，推出了科技支农、文化传播、文化艺术、企业实践等服务项目，通过一系列环节确定了多支实践团队，深入各地进行实践锻炼，传播习近平总书记的关怀和指导精神。

最后，学院组织了脱贫攻坚帮扶活动。响应国家"精准扶贫、精准脱贫"的号召，L学院选派工作人员和"第一书记"赴贫困县开展扶贫工作，重点帮助结对帮扶村实现脱贫。学院投入资金，采取多种措施促进基层组织建设、产业发展、教育扶贫、基础设施建设、公共服务保障等水平的提升，并开展结对帮扶和宣讲等，有效推进了精准扶贫工作。通过这些努力，相关村庄在2014~2017年陆续实现脱贫，完成了阶段性的脱贫攻坚任务。

第三节　校产共荣：D学院引领制造业创新发展的实践

一　D学院概况

D学院位于被誉为"世界工厂"的中国重要制造业基地——东莞。东莞地处珠江三角洲地区，毗邻港澳，与东南亚地区隔海相望，具有得天独厚的区位优势。在20世纪八九十年代，随着改革开放的深入推进，东莞抓住了国际产业转移的重大历史契机，大胆创造出了"三来一补"的特殊发展模式，制造业快速发展起来。但是，与快速发展的制造业不相匹配的是东莞人才非常匮乏。东莞市面临提升人才质量以匹配其经济发展需求的迫切挑战，尤其是在支持其制造业发展方面，急需培养具备高技能的人才。为了解决这一问题，东莞市在1990年启动了建立本地大学的计划。经过两年的努力，D学院获得了国家教委的正式批准，东莞第一所公办高校D学院宣布成立。

D学院于2015年9月被确定为省市共建高水平理工科大学建设单位，现有两个校区，共占地147.33万平方米；建有"电工电子实验教学中心""机械设计制造及其自动化专业工程实践教育中心""化学实验教学示范中心""移动通信实验教学示范中心""智能制造创新创业虚拟仿真实验教学示范中心"等省级实验教学示范中心；建立了以工学为重点，管理学、文学、理学、经济学、法学、教育学、艺术学等多学科协调发展的学科专业体系；现有普通全日制学生 19310 人、成人教育学生 10739 人，为地方培养各类人才约 11 万人。经过多年的实践和总结凝练，D 学院已经确立了"支撑引领制造业创新发展"的历史使命和"以卓越的创新教育与实践造福社会"的价值追求，把为地方经济社会服务提升至学院办学理念高度，为社会服务提供有力支撑。

二　D 学院服务地方产业发展的具体举措

作为一所地方理工类院校，D 学院一直致力于深入服务地方，多年来，通过不断努力和发展，已经建立了多样化和多维度的社会服务体系，为推动当地经济和社会发展做出了积极贡献。总体来看，D 学院服务地方产业发展的举措主要体现在人才培养、技术支持、政策咨询和文化建设等方面。

1. 产教融合协同育人，为地方发展提供人才支撑

D 学院将提升人才培养与地方需求的匹配度和契合度作为核心任务。在培育人才的过程中，D 学院深入分析了经济和社会的转型趋势以及产业的发展方向，积极适应技术创新和产业变革的需求。学院建立了一个灵活的校企合作体系，将产业需求、专业设置和课程发展紧密相连，形成了产教融合和协同育人的模式，旨在培养具有实用技能和实践能力的高素质人才。

首先，D 学院聚焦广东及东莞地区的经济和社会发展需求，紧跟制造业向智能化、绿色化、服务化转型的趋势，重点打造了特色学科专业群，包括智能制造、绿色低碳和创新服务等，这些学科群与东莞的主要产业高度契合，并且在工科领域具有较高的集成度。学院不断调整和优化专业设置，新工科专

业的设置占比达到 70%，以适应地方战略性新兴产业的发展。例如，针对东莞产业升级对微机电系统工程专业人才的需求增长这一情况，学院开设了微机电系统工程本科专业，旨在培养能够在微机电系统领域从事微纳制造工艺与装备研究、微纳器件系统开发、技术管理、设备运行与维护、经营管理等工作的复合型创新人才。另外，鉴于东莞交通基础设施建设的快速发展带来了对路桥专业技术人才的强烈需求，学院还开设了道路桥梁与渡河工程专业，旨在为交通基础设施建设培养高级工程技术人才，这些人才将能够从事道路工程、桥梁工程、岩土与隧道工程等的规划、设计、施工、养护与管理工作。

其次，D 学院坚持"产学融创"理念，深化了协同育人机制改革，强化了产业链、创新链、教育链和人才链的紧密联系。学院与华为、西门子等业界领军企业以及专业镇街园区、国内外知名高校、新型研发机构等多方合作伙伴共同努力，推进建设了包括华为信息与网络技术学院、西门子智能制造学院、先进制造学院（长安）在内的 10 个现代产业学院，并创立了以产业需求为导向、以培养工程能力为核心的"三五四三"人才培养模式①。截至 2022 年 12 月，通过与现代产业学院的合作，企业参与指导东莞 D 学院学生完成近 2000 个毕业设计项目，毕业生初次就业率达到 100%，专业对口率提高至85%以上。此外，学院还实施了卓越工程师产教联合培养计划，以产业创新需求为指引，强调多学科的交叉融合。围绕集成电路、高端数控机床等 10 个国家重点急需领域，以及安全

---

① 王莎：《高等教育对区域经济增长的影响分析》，《对外经贸》2015 年第 9 期。

应急与环保、数字经济等 7 个地方特色领域，学院与行业领军企业和专业企业合作，组建了 28 个卓越工程师"奋楫计划"班。实施了"校内学业导师+校外产业导师"的双导师制，聘请行业兼职教授、客座教授作为校企共建课程的联合导师。人才培养方案由校企共同研究制定，将行业产业的资源要素转化为教学资源，如教材、讲义、案例和毕业设计等，进一步扩大了产教协同育人的交流与共享平台。

2. 深入推进政产学研用合作，支撑地方现代化经济体系建设

D 学院在科技服务方面坚持扎根地方、贴近产业，积极参与周边大型科学设施建设，投身关键设备和仪器的设计、开发、生产和维护等环节，通过技术突破推动高端科学装置的应用，增强本地科技实力。例如，与中国散裂中子源科学中心合作，共建先进的探测技术实验室，专注于先进粒子探测技术、高速电子学数据读取和获取技术，尤其是散裂中子源工程中的先进中子探测系统研究，实验室成功开发了达到国际先进水平的闪烁体探测器，实现了国产化替代，并在批量生产方面达到了世界领先水平；同时，双方还合作建立了国内首台中子全散射谱仪"东莞 D 学院—中国散裂中子源多物理谱仪"，服务于材料科学、纳米技术、工程科学、凝聚态物理和化学等多个研究领域，满足了国家战略技术发展的关键需求。

D 学院针对东莞市制造业的庞大规模、快速发展以及转型需求，采取了一系列措施，如实施"科技创新服务东莞"专项行动，建立校地/校企合作平台，以及安排青年博士到企业挂职等，以促进高校与政府和企业之间的合作。

首先，通过"自给自足、精准对接、高效服务"的模式，

鼓励教师主动深入企业，发现问题和项目机会，协助企业进行技术研发、建立研发机构、构建人才团队、提供上市辅导和产业政策咨询，从而提升企业的竞争力和经营管理水平，推动传统产业的转型升级，并为新兴产业的发展提供支持。截至 2023 年，D 学院已组建近百个团队，与 1800 多家企业和 20 多个专业镇（园区）建立了联系，开展了 60 多项科技研发合作，申请和授权了 400 多项国内专利。例如，依托学院与西门子共建的智能制造创新中心，"面向机器换人的科技创新服务团队"为 2000 多家东莞本土企业提供了"机器换人"项目评审和智能制造诊断服务，帮助企业提高创新能力。

其次，与政府或企业合作建立产学研基地、联合实验室、研发中心等，深入了解地方或企业的技术需求，有针对性地开展技术研发工作，促进高校科研成果的转化和应用。例如，D 学院与东莞横沥镇合作建立了模具产业 3D 打印技术公共服务平台，利用学院在精密制造、数控技术、装备制造等领域的技术优势，组织专业团队解决模具行业的关键技术问题，联合开展了一系列产学研合作项目，并推动科技成果转化，服务了 100 多家企业，协助孵化了 10 家企业，有效推动了模具产业的高质量发展。

最后，结合地方需求和青年教师的知识背景，安排青年教师到东莞市相关部门挂职锻炼，发挥高校在推动城市发展中的人才库和智力支持作用。例如，该校博士在东莞市工信局挂职期间，利用其在智能制造领域的教学和科研背景，起草了该市制造业数字化转型赋能中心认定的相关管理办法，并组织认定了两家数字化转型赋能中心。仅在 2022 年，这两家赋能中心就为 1700 多家本地工业企业提供了数字化赋能服务，帮助企业降低 70% 的数字化转型成本投入，并减少 17.3% 的运营成本。截至 2023 年，该校已累计选派了 8 批次共 52 名青年博士参与挂职计划。

3. 加强新型高端智库建设，为地方高质量发展提供服务支撑

D 学院依托其丰富的学科门类和人才智力资源，创新智库交流合作机制，通过校地协同合作等多元化方式，加强新型高端智库建设，充分发挥思想库和智囊团的作用。例如，与东莞市相关部门合作共建东莞市社会治理研究院，围绕市域社会治理现代化、市域依法治理、基层社会治理创新等主题开展研究，为打造共建共治共享的社会治理格局提供智力支持。同时，与松山湖管委会合作共建松山湖新发展研究院等新型智库，在新冠疫情期间撰写的《新冠肺炎疫情对东莞经济的影响分析》报告，得到了地方政府的认可。

此外，学院还加强与东莞市各民主党派的学术交流，联合开展项目，提供政府决策咨询报告，为东莞市委、市政府提供决策参考；支持教师参政议政，为地方经济社会建设建言献策。截至 2023 年 2 月，该校共有 11 位教师担任民主党派市委委员以上职务，11 位教师成为市人大代表或市政协委员。2018~2023 年，来自 D 学院的政协委员共计向省、市政协提交了 100 多件提案，其中 3 件提案由省级领导督办，14 件提案获评市政协优秀提案，11 件提案受到市政协表扬。

4. 聚焦地方文化特色，服务地方文化创新发展

在地方文化服务方面，D 学院深入实施文化引领战略，强

化文化育人功能，将地方文化融入校内。将地方特色文化有目的地融合进思想政治理论课程，并编写进教材和教案，使学生能够更深刻地理解地域文化。例如，结合大湾区和东莞的创新实践，D学院开发了一系列具有东莞本土特色的专题校本课程，并组织学生深入东莞实地，围绕"红色革命文化""改革开放文化""传统文化""寻味东莞"等主题，拍摄了一系列微视频，引导学生讲述东莞故事、粤港澳大湾区故事以及中国故事。此外，推动"莞香文化"在校园内的传播，打造了莞香林和莞香苗圃，建立了莞香文化研习所，制作了一系列莞香文化视频课程，并开展了包括莞香知识小课堂、莞香文化创意作品征集、莞香知识竞答等在内的一系列文化活动，2022年参与的学生人数超过了8500人次。同时，D学院将莞香的种植、栽培、采香、制香等劳作过程转化为劳动教育的素材，以发挥其教育作用。

针对东莞市非物质文化遗产的保护与传承工作，该校工业设计专业的教师利用数字化技术，对非物质文化遗产代表性项目如编织草龙和"王藻记花灯"的制作技艺进行了数字化采集，将这些非物质文化遗产资源记录并保存在虚拟空间中，这不仅拓宽了非物质文化遗产的传播和教育渠道，而且为传统工艺的振兴提供了科技支持，推动了地方传统工艺的传承与发展。同时，该校文学与传媒学院同地方政府方志办合作，组织师生投入近三年时间，对东莞市近1800个自然村落进行了历史人文普查和实地核查，完成了《全粤村情·东莞市卷》（六）总计近700万字的撰写工作，初步建立了东莞自然村落村情的数据库。

第四节　多方联动：G学院根植行业服务区域发展的实践

一　学院概况

G学院坐落在"山水甲天下"的国家历史文化名城桂林。桂林是国务院批复确定的中国对外开放国际旅游城市、全国旅游创新发展先行区和国际旅游综合交通枢纽，是泛珠江三角洲经济区与东盟自由贸易区战略交会的重要节点城市，也是广西重要高校集聚区。在20世纪80年代，随着改革开放的深入推进，桂林旅游业快速发展，但是，与快速发展的旅游业不相匹配的是桂林人才匮乏。面临着提升人才质量以匹配其经济发展需求的迫切挑战，尤其是在支持其旅游业发展方面，桂林亟须培养具备高技能的人才。为了解决这一问题，1985年，时任桂林市副市长袁凤兰提出创办G学院，并出任首任校长。1986年3月，在桂林市人民政府自筹资金征购的7.2万平方米土地上，G学院利用国家旅游局和广西壮族自治区人民政府财政预算拨改贷款进行教学楼、学生宿舍等工程建设，2015年升格成本科院校，成为广西壮族自治区人民政府与文化和旅游部共建高校，也是全国100所应用型本科高校产教融合发展工程院校之一。

二　G学院服务区域发展的主要做法

1. 深化产教融合，培养高素质应用型人才

G学院始终致力于深化产教融合，培养适应地方产业发展

需求的高素质应用型人才。学院通过与企业深度合作，共同制订人才培养方案，共建实习实训基地和师资队伍，共同开发课程和教材，共同评价教学质量，形成了校企合作"六共"协同育人新机制。例如，学院与山东浪潮集团共建数据科学与大数据技术专业，培养旅游数据应用型人才；与桂林美葆公司共建艺术类专业，实施"工学交替"双导师工作室制，培养现代文创产业应用型人才。此外，学院还与广西旅游发展集团有限公司等企业共建 6 个现代产业学院，推动人才培养供给侧与产业需求侧紧密互动，促进课程内容与技术发展对接、教学过程与生产过程对接。通过这些举措，学院不仅培养出一大批高素质的应用型文旅人才，还进一步凝练了学科专业特色，提升了自身服务当地文旅产业和地方经济的能力。

2. 加强校地合作，推动地方文旅产业高质量发展

G 学院积极与地方政府开展合作，为地方文旅产业的发展提供智力支持和人才保障。学院与柳州市人民政府签订了战略合作框架协议，双方在共建智库、共建人才培养平台、共建文化和旅游展示平台等方面开展深入合作。学院利用自身的人才优势和专业优势，为柳州市政府制定文化和旅游重大政策、实施重点项目、推进品牌建设等提供科学决策依据与专业咨询服务。例如，在发展工业旅游、螺蛳粉文化旅游、民族风情旅游、康养旅游等特色旅游方面，学院与柳州市协同创新，为柳州文旅产业的高质量发展注入了强劲动力。此外，学院还与七星区开展政校企人才合作交流，建立专家人才智库、挂职交流机制、产业项目合作等，助推七星区经济社会高质量发展。通过这些校地合作，学院不仅促进了地方文旅产业的发展，也增

强了自身的社会影响力，提高了学院的行业地位。

3. 服务国家战略，助力乡村振兴与文旅融合

G 学院积极响应国家战略，将服务乡村振兴与文旅融合作为重要的发展方向。学院鼓励学生创业创新，打造了"'露'野仙踪，一路同行"项目，推动了乡村旅游产业的发展。该项目不仅为当地村民提供了多种就业岗位，还在一定程度上解决了大学生的就业问题。此外，学院还通过开展广西游客满意度调查、推进文旅行业的直播带货等方式，服务当地乡村建设。在文旅融合方面，学院秉承"创特色名校 育旅游能人"的理念，弘扬"敢为人先 追求梦想"的桂旅精神，构建了"一轴两翼三能力四融通"人才培养模式。学院将中华优秀传统文化、革命文化、社会主义先进文化与教育相融合，创建了"四维进阶"育人模式，让学生在文化体验中坚定理想信念、提升道德品质、追求高尚情操。通过这些举措，学院为文旅产业和区域经济发展提供了源源不断的强大动力，为实现乡村振兴和文旅融合贡献了桂旅力量。

第五节　国内地方高校服务区域高质量发展的启示

国内特别是沿海经济较为发达地区的地方高校在推动地方经济发展方面的有效实践和经验，对于我国其他地区的地方高校更有效地服务于本地区的经济建设，具有重要的参考意义。

一 地方高校的角度

1. 更新观念

地方高校应建立积极的社会服务意识。地方高校只有摒弃依赖心态，克服困难，培养开拓和实践精神，敢于决策、行动和创新，才能主动融入社会，有效推动社会服务工作。

2. 明确自身定位

地方高校应发展独特的社会服务。正如剑桥大学校长艾莉森·F.理查德所言："每一所大学都应有自己的特色，不是所有大学都该变成一流大学。不同的大学有不同的功能，一个国家需要一些世界知名大学，绝不需要所有大学都变成有名的大学。"① 地方高校应根据自身优势，在发展目标、办学类型、规模和特色上进行合理定位，避免盲目追求规模和全面性。在服务区域经济时，应发挥地域特色，利用地缘和业缘优势，结合区域差异，选择合适的服务形式。

3. 加强专业建设，培养符合地方需求的应用型人才

地方高校应面向地方需求，确定人才培养战略，集中资源培养特色专业，满足本地经济社会发展需求。同时，专业设置应具有前瞻性和全局性，避免功利化的短视行为。

4. 加强产学研合作，促进科研成果的转化和推广

地方高校科研实力相对较弱，因此其科研工作应更注重市场需求，重点开展应用研究和关键技术攻关，通过成果转化形成生产力，进而建立与政府、企业的良性对接机制。例如，浙

---

① 〔英〕艾莉森·F.理查德：《中外大学校长论坛综述》，《光明日报》2004年8月5日，第3版。

江工业大学、宁波大学等通过政府协调，与企业建立合作关系。

5. 完善社会服务机制，营造良好的服务环境

建立和完善社会服务的动力机制、管理机制和激励机制，为区域经济建设提供良好的人文环境。在动力机制上，要正确处理教学、科研、社会服务的关系，调整学科专业和科研方向。在管理机制上，要进行顶层设计，建立专业服务机构，加强服务队伍建设。在激励机制上，要向积极参与区域经济建设的教科人员倾斜，在业绩考核、职称晋升、报酬奖励和经费支持等方面给予政策优惠。例如，浙江工业大学出台激励政策。

二 地方政府的角度

1. 赋予地方高校更大的办学自主权

地方政府应赋予地方高校更大的办学自主权。地方高校只有获得更多的自主权，才能根据高等教育和市场规律健康发展，增强服务地方经济的能力。因此，各级政府需要更新观念，明确职责范围，在宏观调控地方高校的办学方向和发展战略的同时，减少对其日常运作的干预，以激发地方高校的积极性和创新性。

2. 完善相关规章制度

健全的法律法规为地方高校服务地方经济提供坚实的制度保障。制定和完善可执行的规章制度和地方性法规，形成政府依法管理、高校依法自主办学、各方依法接受监督的新机制，明确高校的法人地位和自主权，促进科研成果的转化和应用，鼓励高校大胆开展社会服务。

3.增加对地方高校的财政支持

资金短缺是限制地方高校发展和提升社会服务能力的重要因素。作为主要的资金提供者，地方政府应确保教育经费充足且能及时到位，并积极拓展筹资渠道，建立以政府投资为主，企业、社会和个人等多渠道参与的投资体系。同时，政府还应通过优惠政策，帮助高校吸引优秀人才和推动科研成果的转化与应用。

4.搭建地方高校与社会服务之间的桥梁

政府应发挥协调作用，促进政府、企业和高校之间的合作，通过建立人才交流、科研合作等平台，帮助高校在区域经济建设中发挥更大作用。例如，政府应鼓励高校教师参与社会经济建设的调研、咨询和决策，成为区域经济发展的智库和人才储备库。

三 企业的角度

1.更新传统观念，培养互利共赢的意识

虽然企业与地方高校在目标上存在差异，企业更注重利润，高校更注重公益，但在市场经济中，双方都面临生存和发展的挑战。企业往往对地方高校的人才培养和科研能力抱有成见。因此，企业应该摒弃旧观念，避免短视行为，培养长远的战略眼光，重视与地方高校建立长期全面的合作关系，积极构建合作平台，既追求自身利益，也助力地方高校提升服务能力，实现共赢。

2.与地方高校建立多样化的产学研合作模式

企业应认识到地方高校能为其发展提供支持，应主动提供

资源加强与地方高校在人才培养、产品研发、管理咨询等方面的合作，拓宽合作渠道。例如，企业可以与地方高校合作办学，通过定制化培养为企业输送特定人才；聘请高校教师为员工提供专业培训，提升其职业技能；邀请高校教师提供咨询服务，改进决策和管理；共建实习实训基地，培养具有实践能力和创新意识的大学生，为企业储备人才；联合开展科技研发工作，利用高校的科研资源共同开发先进技术和产品；在高校设立科研基金、奖学金等。这些合作既能支持地方高校，也能帮助企业获得更优质的技术服务和人才资源。

第八章　地方高校服务区域高质量
发展能力的提升策略

　　地方高校强大的服务能力对区域经济的发展有至关重要的作用。社会服务职能的强化是知识应用的必然结果，优秀的社会服务能力来自卓越的学术生产力①。地方高校必须基于区域经济社会发展的需要，将开展社会服务工作作为高校发展的重要任务，在履行这些职能时，需要从多个维度来体现人才培养、科学研究和社会服务这三大核心任务。因此，地方高校不仅要致力于培养人才，还要通过科学研究产出科技成果，并通过科技成果转化和开发来推动科技进步和提高生产力。同时，通过文化传承和创新，促进社会文化的发展和繁荣。

第一节　提升人才培养质量

　　人才资源是区域社会发展的主要动力与源泉。服务区域经

---

① 赵庆年等：《普通高等学校定位实证研究》，中国社会科学出版社，2015，第138~139页。

济建设的关键是人才，而人才的价值在于对区域经济的贡献。内生经济增长理论认为，资本、非技术劳动、人力资本和新思想都是生产要素，对经济发展具有重要贡献。在四种生产要素中，人力资本和新思想具有特别重要的作用。而教育的服务属性理论认为，教育的规模要与经济社会和生产力的发展水平相适应，经济结构和产业结构的调整要求有与之相匹配的人才类型[①]。对于地方高校而言，要确定合理、可行的人才培养目标，塑造全能型人才，以适应社会发展对现代人才的实际需求。

一 创新高校人才培养模式

地方高校作为高等教育体系的重要组成部分，其核心任务是培养人才。为了在推动地方社会、经济、政治和文化发展中发挥持续作用，地方高校必须坚持育人的根本使命，充分发挥教育作为科技第一生产力和人才第一资源结合点的作用，突出人才培养的核心地位，创新高校人才培养模式，着力培养具有历史使命感和社会责任心，富有创新精神和实践能力的创新型、应用型、复合型优秀人才。为此，地方高校需要彻底革新人才培养的理念和方法，改变传统教学模式，以学生为中心、能力为本位、就业为导向，加大高层次应用型人才培养力度。

1. 落实立德树人根本任务

地方高校不仅要坚持以教学为主，还要注重高素质人才的培养，让学生既掌握知识与技术，又能提高适应社会变化的能

---

① 程肇基：《地方高校服务区域经济建设研究——以江西为例》，博士学位论文，武汉大学，2015，第155页。

力。在培养学生服务社会的能力的同时，学校也需要重视提升学生的道德素质，这有助于其未来为社会精神文明建设做贡献。

首先，高校应将思想政治工作融入教学的各个环节，以社会主义核心价值观为导向，深化理想信念教育和爱国主义教育，增强大学生的爱国情怀和民族认同，引导他们树立正确的价值观和道德规范，致力于培养兼具高尚品德、强烈责任感和良好道德修养的杰出人才。缺乏良好道德修养的人，其能力越强，对社会的潜在威胁越大。因此，德育是人才培养的核心。

其次，产业的转型升级是高校人才培养必须考虑的关键因素。高校在人才培养过程中应积极适应区域经济社会发展的需求，以及产业的转型升级，深入实施"卓越职业院校建设计划"和"特色专业体系建设计划"，推动职业教育与产业深度融合，促进职业院校与行业协同发展，培养在"双一流"建设背景下具有强烈历史使命感和社会责任感的顶尖创新人才，力争在区域协调发展中取得竞争优势。

2. 改革传统教学模式

地方高校应充分重视大学的历史、条件，培养高素质应用型人才，着重培养学生运用知识解决实际问题的能力[1]。学校要根据创新人才培养的目标和规格要求，平衡通识课程和专业课程的关系，确定理论教学和实践教学的比例，做好第一课堂和第二课堂的对接。同时，要加大力度进行教学实践基地的建设，培养学生的实践能力、应用知识解决实际问题的能力和创

---

[1] 殷翔文：《高校为地方经济建设服务的探讨》，《江苏高教》1995 年第 6 期。

新能力，推进学校和行业开展产学融合，探索合作培养新模式。学校要处理好灌输式与互动式教学方式的关系，运用现代科技手段，开展互动式、慕课式、翻转式课堂教学，增加案例教学和实践教学，激发学生学习的内生动力，增强学生的感性认知，增强教学效果，提高人才培养质量。

3. 构建以就业为导向的课程体系

地方高校的教育目标是确保学生顺利就业，并为地方经济社会发展做出积极贡献。为此，这些高校应以培养"高素质应用型"人才为核心，精心设计课程体系，确保课程结构层次分明、比例适当。

首先，要确立以应用型人才培养为导向的课程理念。在构建课程体系前，应深入地方企业和行业，了解它们对知识和技能的需求，然后根据市场需求开展课程教学，以培养符合市场需求的应用型人才。

其次，要优化课程体系结构。应用型人才的培养要求学生既有扎实的理论知识，也有实践操作能力。地方高校在进行课程设计时，应合理分配通识教育课程、学科基础课程、专业课程以及实践环节和创新创业教育等的课时，明确课程设计目标和整体育人功能。在校企合作中，要确保实现"学校与企业对接""教师与实践师傅对接""教室与企业车间对接""学生与学徒对接"。

最后，要丰富课程资源。为培养高素质应用型人才，地方高校还应增加课程数量，丰富课程种类。与企业合作开发课程，开设创新创业课程模块并认定学分。推动教学、科研和实践紧密结合，充实教学内容。鼓励教师在课堂教学改革中融入大量真实企业案例，积极开发横向课题资源，在为企业解决实际问题的同时，利用横向课题开展实践教学，培养学生的实战能力。开设特色课程、素质类课程、网络课程，建设大规模开放在线课程（MOOC），丰富数字化学习资源。

二 积极调整学科专业布局

地方高校在设置专业时，需兼顾学生个人发展需求、就业市场需求以及企业对人才的具体要求。因此，在培养高素质应用型人才的过程中，地方高校应优化学科专业结构，以支持和促进本地区主导产业的发展。学科建设是大学重中之重的工作，在高等学校的发展中起中流砥柱、统领全局的作用[①]。对于地方高校来说，应该紧密结合经济社会发展的需要，致力于建立具有自身特色的学科体系。在调整学科专业时，地方高校应重点关注以下三个方面。

1. 调整传统学科

地方高校应结合地方企业、行业、社会和文化的发展需求，对传统学科结构进行调整。对于那些市场已经相对"饱和"的专业，应严格控制其招生数量；而对于那些地方企业、行业急需的专业型人才，学校则应根据市场供求关系，增设相关专业，形成整体优化、协调发展的专业结构，确保学校在专业设置和产业结构发展方面处于协调状态，避免地方企业在人才需求上出现供不应求或供过于求的情况。通过这样的调整，地方高校可以更好地服务于地方经济社会发展，培养出符合市

---

① 孔繁敏等编著《建设应用型大学之路》，北京大学出版社，2006，第48页。

场需求的高素质应用型人才。

2. 发展新兴学科

新兴学科在传统学科的基础上得到了深化，体现了学科发展更加精细、深入的趋势。地方高校应把新兴学科作为特色学科建设的一个重要突破口，通过设立区域经济建设急需专业，不断优化学科专业结构，使其与经济社会发展紧密联系，借此赢得高校社会服务的领先优势。

3. 设置特色专业

地方高校在制定人才培养战略时，应充分考虑当地经济社会发展的实际需求以及行业对人才的具体要求，确保专业设置与地方企业岗位需求相匹配。因此，在设置学科专业时，学校可以依据区域产业结构的导向，深入分析各行各业的人才需求，并结合本校的专业特色，积极开设具有特色的专业。学校应科学制定学科专业发展规划，既要满足学生个人发展的需求，也要适应市场的变化，使高校培养的专业人才更具有针对性，以服务区域经济社会发展。通过这样的努力，地方高校可以成为区域经济社会发展的人才集聚中心和高新技术的辐射源。

三 加强高层次应用型人才培养

从宏观层面上来看，高等教育在人才培养方面主要分为两大类：一类是以学术研究为主的研究型人才，这类人才的培养往往与精英教育相联系，重点在于提升人才的理论素养和学术研究技能；另一类是以解决实际问题为导向的应用型人才，这类人才的培养是在社会经济快速发展和高等教育普及化的背景下应运而生的，学校更加注重对其实际操作技术和应用能力的培养。地方高校在制订人才培养方案时必须认识到，当前企业和经济组织在招聘时已经不再单纯依赖应聘者的学历和文凭，而是开始重视其知识应用能力、实践技能以及自我更新和完善知识体系的能力。因此，地方高校应从突出实践性教学入手，探索适用于应用型人才培养的教学模式，形成教学、实训、活动一体化的教学设计，突出专业实践能力。

首先，应加大实践教学环节的设计力度。建立"弹性制"学习机制，提升实践教学的学分权重，并完善实践教学的制度体系，以培养学生的个人特长。结合校内与校外的实践教学环节，校内实践可以开发综合性的专业实践课程，例如北京物资学院开发的 ERP、SAP 等综合实习课程，这些课程模拟真实的商业环境，让学生了解现代商业组织的结构、岗位工作内容及特点，通过模拟实践提升学生的综合实践技能；校外实践则包括集体参观、顶岗实习、志愿服务、毕业实习、社会调研、义务支教等多种形式。

其次，应加深产教融合的程度。人力资源的结构性改革迫切需要深化产教融合，实现人才与产业的有机结合，使产教融合成为地方高校人才培养的关键模式。地方高校应根据产业需求加强实践教学，完善人才培养体系。一方面，高校可以实施"一来二去"的产学研合作模式。"一来"即邀请业界知名人士到校进行示范教学、指导学生；"二去"即组织教师和学生走出校园，教师到企业挂职，学生到一线岗位实践，通过实践学习提升综合能力。另一方面，学校与企业可以开展订单式人才培养，加强大学生的创新创业教育，组织学生参与校内外的创新创业竞赛，邀请校外导师指导学生的创业计划和商业计划，邀请杰出校友举办创新创业沙龙等。企业可以将行业实践项目提供给学校，以培养学生的实践能力。高校可与企业合作共建教学实验室、实践技术平台等，真正依托区域产业优势培养高素质的应用型人才。

四 推进创新创业教育

创新创业教育已经发展成为一种新的教育形态，地方高校要抓住国家实施"大众创业、万众创新"战略的有利时机，全面推进创新创业教育，主动服务"大众创业、万众创新"战略，推动地方创新创业人才培养水平迈上新台阶。

首先，地方高校老师要鼓励和引导学生参加各种创业活动、社会实践活动、社会公益活动。同时，地方高校还应该以社团为载体，组织开展创业沙龙、创业技能技巧大赛、创业教育讲座等，形成以专业为依托，以项目和社团为组织形式的"创业教育"实践，激发大学生的创新意识和创业精神。

其次，地方高校应设立专门的大学生科研基金，并搭建平台以促进大学生参与科研活动，引导学生探索科学与自然，激发他们的好奇心和求知欲。本科生参与科研有助于培养他们识别、界定和解决问题的能力。在科研实践中，学生能够自由思考，拓宽思路，开拓创新。更为关键的是，在完整的产学研教育体系中，学生能够亲身体验科研的全过程，提前积累科研经验，这将有助于他们未来更快地融入学科前沿和专业领域。

第二节　提高科学研究水平

一　夯实科研基础，提升整体科研水平

习近平总书记指出："科学研究既要追求知识和真理，也要服务于经济社会发展和广大人民群众。广大科技工作者要把论文写在祖国的大地上，把科技成果应用在实现现代化的伟大事业中。"[1] 因此，地方高校的科学研究应该紧紧围绕服务教育教学与人才培养展开，坚持面向当地社会发展和经济建设，以地方经济发展和行业需求为根本动力。在进行科学研究定位、制定发展战略时，要充分结合自身层次和类型，形成特色化发展，切忌脱离实际地盲从，必须正视校情、立足地方，以创建一流为目标，选择部分研究领域重点突破，然后以点带面，以重点带一般，逐步提升全校的整体科研水平。

1. 以行业为导向开展应用型研究

科研项目必须紧跟区域发展战略，坚持需求导向，紧跟区域经济社会发展的热点、难点和重点问题。地方高校应依托自身在应用研究领域的优势，参与课题研究，确保立项课题与市场需求和企业需求相契合，避免无目的地追逐热点或过度扩张，找到促进双方发展的"耦合点"，从而更有效地服务于区域经济社会的发展。比如江苏大学在其"十三五"发展规划中明确提出，需识别并发挥自身的比较优势，充分利用自身的资源禀赋，在特定科研领域内塑造鲜明的特色。特别要依托 ESI

---

① 习近平：《为建设世界科技强国而奋斗》，《人民日报》2016 年 6 月 1 日，第 2 版。

排名 1% 的学科、国家重点学科、江苏省高校优势学科、省级重点学科以及国家级和省部级的创新平台，努力构建具有国际和国内竞争力的、具有明显特色的主流科研体系。学校将紧密围绕《中国制造 2025》所确定的 10 个重点领域和 23 个重点发展方向，凝练和梳理科研方向。地方高校通过集中优势学科资源、整合科研团队、聚焦关键技术攻关，致力于在支持国家重大战略中凸显特色、打造亮点，更好地服务区域经济社会发展。地方高校既可以开展大量基础性研究，也可以推进应用性对策研究。要围绕区域发展战略，着力开展基础性研究和应用性对策研究，特别要在科学技术的中下游环节投入更多努力，以技术推广和试验为核心，主要目标是解决地方民营企业和中小型企业面临的科技挑战，同时关注县域经济的发展。通过专利授权、技术转移、产品开发、技术入股等多种途径，加速科技成果转化。高校的科研人员应深入一线分析问题，提出切实可行的建议，为地方决策提供参考。同时，加快产学研合作，提高地方高校科技进步对地方经济增长的贡献度。

2. 建立有利于联合攻关的科研组织模式

人类社会日趋复杂，常常需要跨学科、跨团队的协作，甚至需要跨越不同机构和区域的合作。因此，传统的较为封闭的学术组织模式不仅不利于科研创新，还可能成为科研创新的障碍。为了实现创新要素的有效整合，迫切需要打破传统的较为封闭的学术组织模式，创新学术组织模式。创新的学术组织模式应包含以下三个层面。

首先，在学院内部，应建立以学科大类为基础的多样化学术组织，整合学院内部的教师和课程等创新资源，以实现在学科大类上的科研突破。其次，应整合校内的创新要素，创建跨院系的研究院或研究中心，汇集不同院系的创新优势，共同针对基础性和前沿性的课题进行研究。最后，与政府、企业或社会共同建立创新平台，围绕国家发展战略、行业关键技术需求、社会广泛关注的重大问题等开展协同研究，充分利用各种创新资源，激发各创新主体的积极性。

二 改革科研管理模式，推进管理创新

科研管理的核心在于推进科研工作，从这一视角出发，科研管理不应被看作控制和限制，而更应被视作一种服务，旨在提升大学科研的质量和水平，确保科研工作的可持续性。

1. 坚持服务为本的科研管理模式

科研管理是一项复杂的系统工程，要求科研管理人员秉持以服务为中心的管理理念，增强服务意识，提高服务能力，履行好服务职能。首先，科研管理人员需要为科研工作者创造一个良好的科研环境，尽可能简化行政流程，减少不必要的行政审查对科研工作的干扰，并根据科研项目的实际需求提供必要的支持，帮助科研工作者顺利完成科研任务。其次，科研管理部门应充当大学与企业之间沟通的桥梁，服务于校企合作，推动科研成果的快速转化。通过这些措施，科研管理能够更好地服务于科研发展，促进科研创新和学术进步。

2. 建设专业化的科研管理队伍

科研管理的效能与科研管理团队的素质及专业化程度密切相关。尽管科研管理人员不直接参与科学研究，但他们的素质和专业水平对科研管理的效率有着显著影响。在科研合作日益

全球化的当下，高校与社会、企业的联系日趋紧密，跨学科、跨领域、跨区域的合作变得更加频繁，合作模式也日趋多元化。随之而来的分工协作、知识产权、利益分配等问题也变得更加复杂，这些都对科研管理提出了新的挑战。

为了最大限度提升科研管理的质量和效率，地方高校必须构建一支专业化的科研管理团队。在招聘和选拔科研管理人员时，应引入具有不同学科背景和教育经历的专业人才，并定期对科研管理人员进行培训，以更新他们的知识储备，提高科研管理的专业水平和效率。通过这些措施，可以确保科研管理工作更好地适应当前科研合作的全球化趋势，满足日益复杂的科研管理需求。

3. 创新科研评价机制

大学的科研评价体系对科研工作的质量与发展方向具有决定性的影响。在我国，科研评价中长期存在的"四唯"（唯论文、唯职称、唯学历、唯奖项）现象，严重阻碍了基础研究和重大科技创新。为了解决科研评价中的"四唯"问题，习近平总书记强调："要改革科技评价制度，建立以科技创新质量、贡献、绩效为导向的分类评价体系，正确评价科技创新成果的科学价值、技术价值、经济价值、社会价值、文化价值。"[1] 因此，地方高校需要摒弃"唯论文"的科研评价导向，建立一套多元化的科研评价体系和标准。通过这样的改革，可以更准确地衡量科研成果的多维价值，促进科研工作向更高质量、更具创新性的方向发展。科研评价应抛弃过去"一刀切"的学术标

---

[1] 习近平：《在中国科学院第十九次院士大会、中国工程院第十四次院士大会上的讲话》，《人民日报》2018 年 5 月 29 日，第 2 版。

准，构建形成一套有弹性的科研评价标准，坚持多元化评价，对不同类型的科研成果采用不同的评价标准，坚持多视角、多维度评价。制定以科研成果的质量效益、社会贡献度、国际影响力等为核心的多元化评价标准，并采用差异化的评价方法，构建科学合理的科研评价体系。同时，打破单一的同行评议模式，将科研成果的服务对象、项目资助者等利益相关者纳入评价主体，从而丰富科研评价视角，促进科研成果"求真"与"求用"的统一。

4. 完善教师激励机制

高校科技成果转化的分配制度应平衡学校与个人的利益，建立以业绩贡献和能力水平为导向的教师激励机制，确保成果具有应用价值并带来社会效益。在科研评价方面，应考虑不同学科的特点，避免单纯以 SCI、EI 检索或论文发表数量来评价学术水平，建立分类、分层次的科研人员考评体系，在职称评审中确保效益与论文并重，对在科研上有重大突破的人员给予政策倾斜。同时，将成果转化项目量化并纳入高校教师职务晋升、考核的评价指标体系，激励科研人员投身于产业化技术研究。在收益分配方面，科研奖励涉及多方利益。应根据科研人员在成果转化、推广各环节的贡献严格考核，对参与专利转移转化的科研人员或辅助人员，按转让收入实际到账经费给予一定比例的绩效奖励，确保公平、公正和透明。

三　深化校地合作，促进科技成果转化

在高校科研成果转化过程中，高校、企业、政府相辅相成，缺一不可。政府是科研政策的制定者，也是高校开展科学

研究的主要资助者。

1. 完善科技成果转化的服务体系

地方高校与政府需携手建立专门负责科技成果转化与推广的中介机构，以提升转化与推广效率。首先，地方高校需主动提升科技中介机构的服务专业性，深度参与企业的研发活动，将服务范围拓展至企业发展的全方位需求，发展专业化的增值服务。科技行政部门与行业协会应负责对高校科技中介机构进行资格认证，以此激励其提升服务水平。其次，应建立一个集成果管理、展示和交易功能于一体的中介服务平台，加强高校与企业技术转移办公室的联系，整合评估和风险投资等功能，解决沟通障碍。此外，培养技术转移服务人才也是关键。鉴于科技中介服务工作的专业性质，应加强对技术经纪人、科技评估师、咨询师等的专业培训，建立执业资格考核认定体系，培养具备技术和市场洞察力的复合型技术转移服务人才。通过这些措施，可以更有效地促进科技成果的转化和推广，提升高校科研的社会影响力和经济价值。

2. 建立长效机制，加强沟通交流

首先，建立联系协调沟通机制。地方高校与政府双方应分别指定负责联系的机构和联络人，通过定期或不定期的信息通报和交流，共同推进区域合作平台的各项工作。通过开展定期或不定期的合作协商，解决双方在合作过程中遇到的问题，并探讨制订后续的合作计划。这样的机制有助于确保双方沟通顺畅，合作事宜得到有效执行。

其次，建立定期会商机制。地方高校应与本地区的政府机构建立常态化的会商机制，并构建校地合作联席会议体系。利

用这种定期的商议机制，加强校地之间的信息交流，针对双方共同关注的问题、需要解决的难题或发展的关键议题进行深入讨论，以此持续推进教育、科研、文化、艺术、公益以及志愿服务等领域取得新成就。这种机制可以促进双方紧密合作，共同应对挑战，实现共赢发展。

3. 整合信息资源，提升合作水平

地方高校与区域企事业单位之间存在互补的供需关系，双方需要进行充分的信息交流。建立信息平台的目的在于为地方高校和有合作需求的企事业单位搭建沟通的桥梁，通过这一平台促进双方的合作。在构建连接地方高校与区域企事业单位的信息平台时，应坚持多方参与和信息的分级共享原则。

一方面，平台应当使地方高校的科研成果、行业动态、实习岗位需求等信息与企事业单位实现共享；另一方面，企事业单位的科研转化需求、培训需求等信息也应向高校开放。信息平台还应发挥中介功能，允许区域内的企事业单位和高校发布信息、表达合作意愿、寻求合作支持等。这将便于高校和区域内企业获取信息资源，持续提升企业的创新能力，提高高校的教学和科研水平，推动科技成果转化，实现地方高校与区域经济组织互利共赢的发展目标。这种合作机制可以促进高校与企业之间的资源共享和优势互补，使其共同应对挑战，实现共同发展。

第三节　加强校地良性互动

为了在竞争激烈的社会环境中赢得一席之地，地方高校需要不断拓宽发展思路和社会服务范围，灵活地掌握地方社会经济发展的实际需求，坚决避免用封闭和孤立的眼光来审视内外部的发展环境和条件，确保发展既有活力也有明确的方向。地方高校与地方社会的积极互动应当是多维度、跨领域的。地方高校可以考虑从以下几个方面加强与地方社会的良性互动，实现双赢，提升自身社会服务能力。

一 协调多方面互动，追求全方位发展

教育家克拉克·克尔（Clark Kerr）在其著作《大学的功用》中提出："大学作为知识的创造者、传播者和普及者，必然要为社会提供服务。"[①] 地方高校在发展过程中展现出对地方的适应性和倾向性，体现了所在地区的经济社会发展现状和需求，这种性质是内在于地方高校的，而非外来强加的。相应地，地方经济社会发展水平也在一定程度上反映了地方高校的建设水平和服务能力。因此，地方高校与地方社会必须加强良性互动，通过人才、科技和文化等多个方面、多个渠道来实现互动和双赢。

在人才互动方面，地方高校的招生和办学规模应与地方产业结构相匹配，确保培养的人才与地方经济社会发展所需的劳动力在质量、数量和结构上相一致。同时，地方高校应积极与地方企业建立联系，通过产学研合作培养人才和联合开发科技，形成互补关系：地方高校向企业输送高素质人才，企业为高校提供资金、技术支持。此外，地方高校还应主动向地方政

---

① Clark Kerr：《大学的功用》，陈学飞等译，江西教育出版社，1993。

府建言献策，深入参与地方社会调研，撰写调研报告，为服务型政府的转型提供智力支持。

科技互动是引领发展的关键。地方高校应坚持科研服务地方经济社会发展的导向，不断在核心技术上寻求创新，坚持内涵式发展，提升教学科研能力和科研成果质量，激活与地方经济的多层次、多领域互动，促进地方产业结构的优化升级和就业、创业环境的改善。地方政府需要出台相关政策和法规，保护地方高校的发明专利权等基本权利，提高高校的科研积极性和规范性。企业也应与地方高校保持密切交流，扩大合作范围，提高科研成果的转化率，并将应用结果反馈给高校，帮助高校提升科研能力、改进技术，提升服务社会的深度和广度。通过这些措施，地方高校与地方社会可以实现良性互动，共同推动经济社会的发展。

文化互动是一种催化剂，地方高校作为地方社会体系的关键组成部分，在发展中积累的校风、学风等精神文化，也在一定程度上反映了地方社会经济、文化、习俗等人文环境和地域特色。地方政府需要为地方高校营造优越的文化环境和浓厚的文化氛围，建设多元的文化设施，并深刻认识到地方文化的进步对高校校园文化建设具有多方面的影响。同时，高校也应深入挖掘内在的文化精髓，通过多样化的途径和方式展现其文化特色。此外，高校应拓展与地方社会的文化资源交流，推动地方社会文化观念的革新，与政府携手推进学习型社会的构建，致力于提高社会公民的综合素质，积极促进地方社会的文化进步和文明水平提升，共同打造和谐社会。通过这些文化互动，地方高校与地方社会能够相互促进，共同发展。

二 自主特色为基础，政策扶持作保障

我国在推动区域经济社会协调发展方面已积累了丰富的经验。基于此，我们应继续激励和支持地方政府与地方高校探索高等教育与地方社会互动发展的新路径，强化互动关系并落实促进措施。政府需树立"政府搭建平台、高校与企业发挥主体作用"的理念，与金融机构合作，提供优惠的土地政策，吸引高校与企业入驻，以此推动区域经济发展。在资金方面，要改变完全依赖政府的模式，通过多渠道筹集资金，解决地方高校在教学和科研上的资金短缺问题；在人才方面，要完善人才交流和配置机制，通过实习和实践等方式加强人才培养；在政策方面，要制定有效的措施，统筹不同地区的发展水平和利益，体现全面发展的理念，实现共同进步。

大学作为社会结构的一部分，不仅要履行社会赋予的职能，还要能够自我再生产，其中资金筹措至关重要。然而，地方高校不能仅依赖外部支持作为发展的唯一依托，而应遵循高等教育的规律，明确办学定位，在互动发展中保持独立自主，努力创新。首先，高校需要充分发挥自身的科技优势，掌握核心技术，解决地方社会生产生活中的实际问题，积极组织科研活动，拓宽科研项目来源，提高科技成果转化率和贡献率。其次，人才培养应以地方经济社会发展需求为导向，开设特色专业，培养专业人才，实现专业对口、学以致用，满足地方发展对专业人才和智力支持的需求。最后，地方高校应立足地方发展现状，吸收地方特色历史文化，利用地方特有资源，准确把握地方支柱产业和资源优势，努力在学科专业设置和科学研究方面形成

特色，打造独具特色的高等教育机构。通过这些措施，地方高校与地方社会能够实现良性互动，共同推动经济社会的发展。

三　准确定位寻模式，坚持扩展产学研

高等教育社会学指出，地方高校是高等教育体系的关键组成部分，同时也是社会构成的重要一环。地方高校的办学定位需要与其所处的社会环境相协调，避免孤立发展，脱离整体发展的大环境。地方高校的办学定位是其寻求发展、获得差异化竞争优势的关键，只有准确定位，才能找到适合自身发展的路径。这要求地方高校利用关键因素分类法对内部环境进行深入分析，明确自身的优势和劣势，充分发挥优势，抓住机遇，规避威胁，制定合适的发展战略，提升环境竞争力。地方本科高校应主要定位于应用型大学，并努力向多科性综合型大学转型，实现办学层次和规模的合理提升。坚持在办学传统和历史积淀的基础上凝练办学特色、科学定位，充分利用自身的办学比较优势。同时，地方高校应主动适应地方产业结构和社会经济结构的特点，并在此基础上适时调整自身的发展模式和办学结构，力求为地方经济社会文化发展提供优质的服务。通过这样的努力，地方高校可以更好地融入社会，实现与社会发展的良性互动。

在构建地方经济社会的创新体系和推动科技进步的过程中，地方高校与企业扮演着至关重要的角色，它们之间的有效合作能够解决高校教学科研与区域经济发展联系不够紧密的问题，避免教育与生产实践脱节。为此，地方高校需要进一步强化产学研合作，具体措施包括以下几个方面。

首先，高校应充分利用自身的智囊团资源，加强基础理论研究，并在实践中寻求创新突破，提升科研能力，同时解决科研成果向企业转化和技术转移的问题，努力从支持者角色转变为高新技术产业化的直接参与者。

其次，通过政府、学校和企业的三方合作，拓展产学研合作的领域，实现优势互补，共同营造优质的学习、创新和就业环境，提高学生的科研能力和创业热情，培养其创新精神。

最后，高校应不断完善产学研合作的机制和体系，确保合作的合法性、运行的规范性和科研的高效性，营造浓厚的合作氛围，建立强大的科研团队，形成灵活的合作机制，推动产学研合作向现代化、规范化、规模化发展，从本质上提升地方高校服务社会的能力与成效。通过这些措施，地方高校和企业可以形成良性互动，共同推动地方经济社会的发展。

第九章　推进地方高校服务区域高质量发展的政策建议

地方高校如何履行服务社会的职能，为区域高质量发展提供可持续服务，这既是地方高校发展过程中必须回答的一个问题，也是当代中国高等教育深刻变革中需要研究的一个重要课题。地方高校服务区域发展，不仅要注重培养服务地方的应用型人才，还要加强研究现实问题以及成果转化，更要推进面向区域的产学研合作，同时需调动以企业与政府为代表的各方力量积极参与，在创新创业教育、特色新型智库建设和校际学科优势联盟等方面下功夫，才能保证区域高质量发展。

第一节　完善相关法规，形成政策引导机制

法律是确保高校为地方服务的重要保障之一。在发达国家，往往以法律的形式保证地方高校为区域经济社会发展服务。例如，美国的《莫里尔法案》《哈奇法案》《史密斯—利

费法》《班克赫德—琼斯法》，英国的《20 世纪 90 年代英国高等教育的发展》绿皮书，日本产业合理化审议会向通产省提交的《关于产学合作的教育制度》的咨询报告等。李岚清曾指出："落实科教兴国的战略，不仅要靠政策，更要有法制保障。"[①] 因此，我国在推动高校服务地方经济建设中也要注意相关立法工作的落实。只有建立健全法律法规，政府才能够真正转变职能，严格依法治教，优化宏观管理，从而保障区域高校社会服务工作的顺利开展[②]。

当前，构建现代大学体系的核心目标是提升高校的自我规范、自我提升与自我发展的能力，确保高校能够依据法律法规自主面向社会与市场办学，积极回应社会经济发展需求以及公众对教育的期望。建议在继续完善《中华人民共和国教育法》《中华人民共和国高等教育法》的同时，正式起草"中华人民共和国学校法"或"中华人民共和国高等学校法"，确立中外合作办学的法律框架，以此构建成熟的现代大学体系。同时，应加快转变政府职能，防止政府过度干预，依法依规、分类管理，确保高等院校的办学自主权，使其成为真正的法人实体。

此外，加强对高校的分层与分类指导，促使学校更新办学理念、科学定位，强化产业人才及应用型人才的培育，提升服务区域发展的能力。高等院校需依法依规，自主面向社会办学，落实自身发展战略，充分发挥自身优势，塑造特色，建立自我发展和自我约束的运作机制，从而增强自我发展、自我规范和自我完善的能力。通过这些措施，高等院校可以更好地适

---

① 《李岚清教育访谈录》，人民教育出版社，2003，第 23 页。

② 徐同文：《区域大学的使命》，教育科学出版社，2004，第 53~56 页。

应社会发展的需求，为社会培养更多高质量的人才，同时实现自身的持续发展。

一 建立资金保障机制

政府对高校创新的促进作用，是高校科研管理需要研究的重要课题，也是政府政策研究中关注的焦点问题之一。地方政府要认识到地方高校存在的重要性，它们既是区域经济社会蓬勃发展的基石，也是地方的文化名片。对此，政府一方面要加强对高校发展的引导，如从高校的发展定位到知识创新，从高校的远景规划到学科建设，等等，都要给予高校充分的支持和帮助；另一方面要在经费、科研项目等方面，给地方高校更多的政策倾斜[①]。

为了激发地方高校在促进区域经济发展中的积极性，中央政府需要承担其职责，同时地方政府也会根据自身行政管理体系和职能分工，通过科技投资和制度设计等措施来营造创新氛围，并对本地高校的教育工作给予支持。已有研究证明，政府对高校的科研资助与高校的科研产出之间存在显著的正向关联。由于地方高校通常由地方政府资助建立，地方政府的财政支持程度不仅决定了这些高校的发展基础，也影响着它们能否有效服务于区域经济建设。地方政府增加对地方高校的财政投入，能够充分利用这些高校在科技创新方面的优势。这主要通过两种途径实现：一是中央与地方政府直接为高校提供资金，以促进科技创新；二是地方政府通过提供间接资金支持，如改

---

① 季志：《地方高校服务社会的有效机制及模式》，《遵义师范学院学报》2010 年第5 期。

善科研基础设施和创造科技创新环境，来推动地方高校的科技创新。中央与地方政府的资金支持对地方高校的科技创新具有积极的促进作用，以上两种途径应该相互协调，以实现资源利用的最大化。当前，我国高等教育经费主要来源于国家财政拨款、社会捐赠和筹资、社会团体与个人投资办学、学生学费以及其他教育经费。这样的结构形成了高等教育经费多元化投入的格局。相关数据显示，我国公办高等教育机构的办学经费主要来源于国家财政拨款，分析我国高等教育成本分担的现状，可以发现：财政拨款在高等教育总经费中所占的比重正逐渐减少。近年来，地方政府的教育投资占据了主导地位，比例超过85%，而中央政府分担的高等教育成本相对较少。但由于国内各地区经济发展水平存在差异，地方政府在教育投资上的投入也表现出地区性不平衡，一些经济欠发达地区的投入更为有限。

随着高等教育的大众化和普及化，中国高等教育经费的来源已经从单一的政府财政拨款转变为多元化的投入机制，政府、高校、学生及其家庭和社会力量共同承担高等教育的成本。政府通过财政拨款支持高等教育，同时鼓励社会资本参与教育事业，提供税收优惠等政策支持。例如，从事学历教育的学校提供的教育服务免征增值税，学校、托儿所、幼儿园自用房产、土地免征房产税、城镇土地使用税等。此外，中国政府也在积极推动高等教育的国际化和质量提升，通过"双一流"建设等政策，支持一批大学和学科跻身世界先进行列。这些措施有助于提高高等教育的自我发展能力，促进高等教育与社会需求的紧密结合，实现教育资源的优化配置。

美国教育经济学家 D. B. 约翰斯通（D. B. Johnstone）提出

的高等教育成本分担理论认为，高等教育是一种准公共产品，它既有私人收益也有社会收益。个人从高等教育中获得的收益，如更高的收入和更好的就业机会，是私人收益；而社会收益则体现在整体社会经济发展和科技进步上。因此，高等教育的成本应当由个人、家庭、政府和社会共同分担，而不是完全由政府财政承担。高等教育成本分担理论已成为全球众多国家高等教育经费多元化筹措的政策基础。在当今世界，除了少数高福利国家——部分北欧国家如瑞典、芬兰和丹麦，绝大多数国家和地区采纳了高等教育成本分担的机制。这一机制通过合理分配教育成本，旨在平衡教育资源的公平性和可持续性，确保高等教育体系能够适应社会和经济发展的需求。

总的来说，高等教育成本分担理论在中国的实践体现了政府、社会、高校和个人共同参与的多元化投入机制，具体有如下措施。

1. 广泛吸收社会资金

在市场经济体制下，充分发挥市场机制的调节功能，积极引导社会资本投入，共同承担高等教育的费用，乃是促进高等教育事业进步的关键策略。应当充分利用市场机制的调节功能，广泛吸纳社会资金，实现高等教育成本的合理分摊，以此助力高等教育发展。通过这种方式，可以形成政府、社会和个人共同参与的高等教育经费保障体系，既缓解了公共财政的压力，又拓宽了高等教育的经费来源，为高等教育的创新与质量提升提供了坚实的资金支持。

首先，要完善政府对高等教育的宏观管理体系。政府应该退出决策领域，在专业设置、招生计划、收费标准等方面给予高校更多的自主权，让高校在市场机制的调节作用下，通过公平竞争，把握发展机会，争取到广泛的社会资金，最大限度合理有效地分担高等教育成本。

其次，探索新型办学模式。在市场经济体制下，我国高等教育的办学模式正在从政府直接管理的传统模式转变为多元化的投入机制。这一转变意味着高等教育的成本不再完全由政府财政或学生家长独立承担，而是转变为由政府、社会、学生家长或个人共同合理分担。为了实现高等教育经费的多元化混合投入，我国高等教育需要采取多种措施筹集资金，争取企业、个人等社会力量对高等教育的支持和帮助。同时，高等教育机构可以依靠自身掌握的科学技术知识为社会企业提供服务，以此增加收入。此外，政府应完善税收制度，加大企业和个人对高等教育捐赠的税收优惠力度，以此鼓励社会捐赠，增加高等教育经费来源。我国政府在高等教育费用分担中所占的财政收入比重较低，且由于教育经费不足，短期内加大对高等教育的投资力度存在一定困难。同时，我国的教育成本核算也存在制度不完善等问题，需要进一步探讨和完善，以更有效地解决高等教育成本分担方面的问题。

2. 实行差别收费制度

为了更好地反映中国各地区经济发展水平的差异，并考虑到当地居民的经济状况，提高高等教育成本分担的差异化水平显得尤为重要。这意味着高等教育的收费标准应当根据地区的经济状况和居民的收入水平进行合理设定。

高等教育的收费标准应根据教育成本的收益原则和学校的分类来科学制定。不同类型的学校，因其教育投入和产出不同，其收费标准也应有所区别。同时，考虑到市场需求和学科特点，应对不同学科和专业的收费标准进行适当的调整。自然科学和社会科学人才的培养成本存在差异，这种差异应在学费标准中得到体现。同时，考虑到不同学科毕业生的就业前景和潜在私人收益，适时调整收费标准，有助于消除高等教育成本分担机制中存在的不合理因素，从而保持人才市场的供求平衡。

此外，高等教育机构应积极探索与社会资本的合作，通过政府和社会资本合作（PPP）模式、企业捐赠、校友资助等多元化渠道筹集资金，减轻政府和学生的经济压力。政府也应通过提供税收优惠、财政补贴等政策，鼓励社会各界对高等教育进行投资和捐赠，共同分担高等教育的成本。

在提高高等教育成本分担差异化水平的同时，还应加强对教育质量的监管，确保教育投入能够转化为高质量的教育产出。通过这种方式，不仅可以实现教育资源的合理分配，还可以提升高等教育的公平性和可持续性，为社会培养更多高质量的人才。

3. 完善捐赠机制

在当前市场经济体制下，我国政府对高等教育的财政投入相对较少，社会捐赠在高等教育成本分担中扮演着越来越重要的角色。社会捐赠资金的增加可以有效减轻学校、政府和个人的负担。为了进一步推动高等教育发展，国家应当采取多种措施来鼓励和引导社会资金投入，包括通过税收优惠、法律鼓励和宣传等手段，来增加高等教育的捐赠收入。

此外，国家应加大税收优惠力度，例如加大企业和个人对高等教育捐赠的税收优惠力度，鼓励企业和个人对高校进行捐赠。这不仅能够增加高等教育的捐赠收入，还能为企业提供政策导向，促进企业界对高校的支持和帮助。通过这些措施，可以进一步激发社会力量对高等教育投入的积极性，实现教育资源的优化配置，推动高等教育的质量提升和持续发展。

二 强化政府监管机制

制度是组织运作的基石，地方高校与地方政府之间的互动关系错综复杂，因此，厘清并平衡双方的关系显得尤为关键。一方面，政府作为产学研合作的核心辅助实体，在推动产学研合作的进程中扮演着至关重要的角色；另一方面，如何加大政府对高校科技创新的支持力度，以及如何提高政府科研资金的使用效率，这些问题同样需要得到充分关注。学术界已有大量研究证实，政府对高校的资金投入与高校的科研产出、专利等成果之间存在正向相关性。但也有学者提出不同的观点，例如邓向荣等认为，我国在制度上不完善，监督管理体系尚未形成有效的委托机制，导致政府科技投入的配置效率不高，进而减弱了政府支持对高校科技创新产出的促进作用①。但政府的大规模投入也可能使地方高校过分关注经费的使用，导致经费使用不合理，甚至出现被挪用现象，从而影响了科技创新的产出效果。

研究还发现，地方政府的直接资金支持与高校的论文产出、专利授权产出之间呈现倒"U"形关系；同样，地方政府

---

① 邓向荣、刘乃辉、周密：《中国政府科技投入绩效的考察报告——基于国家级六项科技计划投入效率与问题的研究》，《经济与管理研究》2005年第6期。

的间接资金支持与高校的论文产出、专利授权产出之间也存在倒"U"形关系。这表明，政府对高校的资金支持并非越多越好，而应考虑其边际效应。一方面，政府的资金投入是高校知识创新的物质基础，增加对高校科技创新经费的投入，对提升高校的科技创新水平具有重要意义；另一方面，如果中央与地方政府对高校科技创新经费的投入过高，可能会导致资金浪费，高校现有的科技创新能力无法充分利用政府拨付的全部经费，科技创新产出水平逐渐达到饱和，使得高校科技创新的边际产出量递减[①]。因此，在为高校提供资金支持时，应考虑其投入产出比的临界点，超过临界点的盲目投入可能会导致高校的科技创新能力下降，进而引发资金的浪费或低效使用。

因此，政府在增加产学研合作资金投入的同时，也应增强产学研合作的抗风险能力，必须充分考虑政府财政资金使用的效率，并不断完善高校科技创新资金的管理体制与监管机制。政府还可以通过直接或间接的拨款方式，科学地调整投入力度以适应高校的科技创新能力，努力追求高校科技创新产出的数量与效率的最大化提升。因此，政府应避免主导和包办产学研合作，而应理性分析产学研合作的现实情况和基本条件，发挥高校在科技创新中的主导作用。在此基础上，政府还需在以下几个方面做出努力：首先，政府应根据区域经济建设的战略目标，指导校企各方基于现实需求和客观条件制定科学的产学研合作目标、任务和发展规划；其次，在监管政府、企业与高校的产学研合作过程中，政府应着眼于未来，建立长期的协调机

① 于静霞、刘玲利：《我国省际科技投入产出效率评价》，《工业技术经济》2007年第9期。

制；最后，政府应根据产学研合作的总体规划和具体实施计划，制定与产学研合作相配套的政策、法律法规和管理办法等，为产学研合作创造良好的环境和条件。

三 完善校企合作机制

处理好企业与高校之间的关系，以共同促进技术创新是一个重要的课题。我国产学研合作现阶段还存在诸如合作层次较低、缺乏完善金融支持体系等问题。尽管各级政府出台了不少促进政策借以提升高校技术成果的转化率，但其效果大多不明显。要建立健全的校企合作机制主要从以下几个方面着手。

1. 扩大合作内容

现有的校企合作模式中，学校和企业的产学研合作主要集中在政府科技攻关项目、企业的技术改造与新产品研发、大学成果转化、项目咨询及企业人员培训等领域。其中，围绕企业产品开展的合作占比最高，其次则是"员工培训"和"项目咨询"，而"节能减排""环境保护"等类型占比较低。从高校角度看，在其所开展的合作中，所占比重最高的是"为政府科技攻关的联合项目"，"企业人员培训项目"则比重较低。这说明获得政府的项目资助仍是高校进行产学研合作的最主要目的。由此看来，成果转化率低的关键在于成果转化自身的机理性因素与国家的制度性因素，这两大障碍因素短期内难以突破。当前，促进科研成果产业化的战略价值不容忽视。从企业和市场的实际需求出发，"成果转化率"不应成为衡量校企合作成效的核心指标。根据企业和高校的反馈，产学研合作的核心内容虽是成果转化，但实际中企业和高校更倾向于联合研发，这是因为联合研发更贴近企业的实际需求和市场趋势，更符合技术市场的发展规律。由于企业和高校在合作内容上有着共同的偏好，因此，需要建立相应的机构来避免二者在选择合作内容时出现冲突。一方面，需要正面且客观地理解各方在合作内容上的偏好；另一方面，政府需要从战略层面对高校的科研活动给予支持，通过政策指导等手段促进校企双方友好协商，拓展双方在合作内容上的共同关注领域，完善企业和高校的合作机制，从而有效推动产学研合作发展。

2. 创新合作模式

校企合作模式可以从多个层面进行理解。在生产要素层面上，合作可以划分为信息共享、知识与技术协作、人才交流、资金合作；在合作的实施方式上，可以区分为政府主导型合作、校企自主型合作、社会中介型合作；在合作内容上，可以包括技术研发合作、教学合作、咨询服务、共建实体等；在参与主体的数量上，可以有一对一、一对多、多对一、多对多等多种形式[①]。总的来说，有多种具体的合作模式可供选择，例如政府主导的国家产学研项目、科技攻关项目，以高校为主导的校办产业、高校后勤社会化，以及面向企业的科技成果转化、长期全面合作等。在众多的校企合作模式中做选择时，必须基于地区的经济建设现状和需求，采取因地制宜、因校制宜、因企制宜的策略，协调各方的利益分配。同时，应积极推动产学研合作，建立校企合作联盟，以促进合作的深入发展。

已有的产学研合作模式研究显示，企业对"成果转化"模

---

① 向大顺：《新形势下高校校企合作模式运作探讨》，《湘潭师范学院学报》（自然科学版）2008 年第 4 期。

式的运用率极低，运用"合作研发"模式的企业占比最高。从高校层面来看，与企业类似，高校在"成果转化"与"创建新企业"两类上的比重也很低，但"成果转化"的比重较企业有所上升。但高校在"共建研究平台与实验室"上的比重比企业低，在"合作研发"上的比重也比企业低得多，而"委托研发""合作申报政府课题"的比重较高。

通过比较高校与企业的合作模式，可以看出企业与高校对合作模式的偏好不同。企业使用率最高的模式是"合作研发"，最低的是"创建新企业"和"成果转化"；而高校中比重最高的则是"委托研发"和"合作申报政府课题"，使用率最低的是"创建新企业"模式。可以看出校企双方对"合作研发"模式的使用率都很高，而"创建新企业"模式的使用率都很低。从企业层面看，"合作研发"模式作为首选且占主导地位，一是因为"成果转化"面临较大的不确定性，二是因为校企合作本质上更关注企业技术创新能力的提升，希望通过合作提升企业自身技术创新能力；从高校层面看，则更倾向于"委托研发"与"合作申报政府课题"两种模式，因为高校教师们更希望在象牙塔内不受约束地进行研究，选择合作更多的是为了获得课题经费。

因此，目前迫切需要寻找合作的切入点。为了激发企业参与产学研合作的热情，需调整合作模式，将重点从"技术成果的转化"转移到"增强企业的技术创新能力"上。企业应通过建立联合研究平台和实验室等方式，提高自身的科技创新水平，并加强与高校的合作和联系。政府应当推动并引导那些能够提升企业科技创新能力的产学研合作，根据企业的具体需求，适当调整产学研合作的政策导向。

3. 阶段式有序合作

高等教育环境和社会经济环境的不断演进，要求校企合作必须分阶段进行，以确保合作与高校发展及社会进步的步伐相匹配。高校与企业应建立长期且稳固的伙伴关系，有计划、分步骤地推进合作，探索持续发展的道路。

启动期。在此阶段，政府管理部门需要充分认识到校企合作的重要性，加强理念引导和工作指导，明确校企双方在合作中的权利与责任。高校需要转变观念，增强服务企业的意识，通过产学研合作培养水平高、实践能力强的"双师型"教师队伍，并努力营造理论与实践相结合的科研环境。特别是在地方高校转型时期，应积极聘请企业中的优秀工程师进入高校课堂。同时，高校应加大宣传力度，让更多企业意识到校企合作的现实利益。目前，许多企业对校企合作的积极性和主动性不足。然而，随着科学技术的快速发展，企业技术人员需要不断更新知识体系，生产方式和技术设备也需要同步升级，而"这一任务单靠企业自身难以完成，必须与高校合作，利用高校高水平的教师、科研人员和实验设备等优势来实现企业技术人员知识更新和生产技术升级"[①]。因此，需要通过宣传改变观念，激发企业合作的积极性，达成校企合作的共识。

发展期。在此阶段，政府部门应在资金和政策上提供支持，为高校与企业的互动搭建桥梁，充当校企合作的"助推器"。应选择校企合作的典范，发挥示范带动作用。继续鼓励

---

① 朱向群：《推进地方高校服务地方经济社会发展的对策研究》，硕士学位论文，湘潭大学，2008，第33页。

和支持企业参与校企合作，寻找双方最佳的利益结合点，让更多的企业体验到校企合作是双赢共生之路。通过政策引导、行政指导、服务引导等方式，积极促进校企合作的健康发展。经过初期的培育，校企合作双方已初步体验到互助共赢的好处。可以树立并宣传一批校企合作的典型案例，对其合作模式进行总结和推广。这样，高校能更深刻地认识到企业所需的人才类型。在课程设置上可以更加科学合理，在学风建设上也更加严谨务实。企业在追求效益的同时，也能改变观念，认识到对职工、消费者、合作伙伴、环境和社会的责任，进而从企业持续进步和社会长远发展的角度出发，深化与高校的合作，共同培养更多优秀人才。

成熟期。经过发展期后，校企合作已逐步走向正规化，进入成熟期和稳定期。在这一阶段，应推广成功的校企合作模式和做法，校企合作单位应利用政府的经济杠杆，争取更多的财政补贴或专项基金。在校企合作中，地方高校特别是地方高职院校，要利用人才和智力优势，提前布局，积极参与企业的技术改造、升级、创新，引领产业转型，以研究成果和学术水平赢得企业的信任[1]。在专业和课程设置上，应根据企业需求安排教学内容、下达教学任务，将学校建设成为企业的技术咨询、研发推广中心。同时，学校要充分利用企业资源，将生产车间转变为实习实训基地。企业虽然以追求经济效益最大化为目标，但在考虑经济效益的同时，也要充分认识到社会效益的重要性和长期价值。可以说，合格应用型人才的培养，应通过

---

[1] 中共江西省委教育工委宣传部编《鄱阳湖教育高峰论坛文集》，江西高校出版社，2010，第 92 页。

企业和高职院校的有效对接来实现。

第二节　优化高等教育战略布局，为地方发展提供保障

一　优化高等教育层次布局

高等教育层次结构指研究生教育、本科教育和专科教育三个层次的内部关系，它是一种纵向结构。长期以来，我国地方高校普遍追求学校规模扩张和高层次人才培养。这使得高校有限的资源供不应求。同时，高职高专教育学校虽然多，但因社会认可度不高而备受冷落，这就导致技术技能型人才严重短缺，技术应用与产业升级的难度加大。在高质量发展的背景下，改进高等教育的层次结构对于培养符合经济社会发展需求的人才至关重要。一方面，政府需要指导高校深化以"培育高端人才"为核心的研究生教育，并适度扩大应用型本科院校的规模，其重点在于挖掘在校学生的潜力，而非单纯追求招生规模的扩张。另一方面，应当大力发展地方应用型和技术型院校。政府应建立和完善职业教育的长期发展保障机制，提升职业教育的质量，通过高等职业教育培养大量新型技术人才。这将促进各高校在不同层次和类型上追求卓越，构建差异化发展、优势互补的健康的高校生态，主动适应当地经济发展和产业升级的需求。通过这些措施，可以确保高等教育体系更好地服务于经济社会发展，同时为学生提供更多元化的发展机会。

二 优化高等教育学科专业布局

高校专业结构是指高校各种学科专业尤其是普通本科学科专业在专业种类、专业规模、专业层次和专业质量内涵等方面所构成的比例关系和组成方式[①]。自 20 世纪 80 年代以来，我国共进行了三次大规模的专业目录调整，这三次调整的根本出发点就是要适应国家和地方社会经济发展对高等学校专业的现实需求[②]。但现阶段，我国地方高校现有的学科专业结构未能体现区域发展对人才各方面的需求，与区域高质量发展的要求仍不完全相适应。

1. 设置具有自身特色的专业结构

构建具有学校特色的专业体系时，需要综合考量学校的历史背景、现有的软硬件资源、师资力量和生源状况。同时，也应深入分析学校当前面临的竞争环境，并结合学校的短期、中期和长期发展目标及竞争战略进行调整优化。此外，还应预测整个区域经济的未来发展趋势。通过这一过程，学校可以淘汰劣势专业，优化和重组现有专业，突出学校的特色，强化前沿学科的建设，并避免资源的重复投入。通过这样的策略，学校可以更有效地发挥自身的优势，提升教育质量，为社会培养更多高质量的专业人才。

2. 大力发展新兴和应用型专业

应当紧跟国内外学科发展的最新趋势，结合学校实际情

---

① 中共江西省委教育工委宣传部编《鄱阳湖教育高峰论坛文集》，江西高校出版社，2010，第 55 页。
② 胡平：《经济结构战略性调整对高等学校专业结构设置的影响》，《中国高教研究》2011 年第 7 期。

况，打造地方高校的学科高峰，形成具有代表性和影响力的学科专业集群。可以围绕国家战略和区域重点需求，创建和发展实践平台，开展战略性和应用性研究。即使学校的科研实力还有待提升，也可以通过服务社会来发展教育，利用政府、企业和社会在政策、资金等方面的支持，为新兴学科的发展提供强大动力。同时，还应倡导和促进跨专业、跨学科的合作与创新，培养复合型人才，以市场需求为导向，根据区域发展对人才需求的变化，动态调整特色专业设置。在保证专业规模的同时，更要注重质量的提升，以更好地服务地方经济发展。通过这些措施，地方高校可以更好地发挥自身优势，为社会培养更多高质量的专业人才。

3. 整合和改造传统专业

一些传统专业仍具备发展潜力和扩展空间，但其关键在于整合和改造升级。例如，许多新技术和新材料完全可以直接应用于传统产品的制造过程中，因此，许多传统专业方向也需要进行整合和改造，以便在新的经济结构中发挥其应有的作用。针对这一问题，应根据区域中长期经济社会发展目标和产业结构调整的实际情况，深入分析支柱产业和高新技术产业对各专业、各层次人才的需求状况。在此基础上，及时改造现有的传统学科和专业，调整人才培养的规模、层次及类型结构，积极培育与区域经济社会发展紧密相连的机械制造、电子信息、材料科学、生物制药、化学与化工、生态环保、交通运输、现代农业、法学、经济、管理等领域的高素质专业人才。通过这些措施，可以确保传统专业在新时代背景下焕发新的活力，为社会培养更多高质量的专业人才。

三 优化高等学校区域布局

改革开放以来，我国高等教育得到了快速发展，为经济发展和社会进步提供了有力的人才支持和智力支撑。目前我国高等教育的重心偏高，高校主要集中在大城市尤其是省会城市，而在省会城市以外的地区设立的高校较少，且这些高校也主要是高职院校。近年来，随着区域经济的迅猛发展，以及"中央和省级人民政府两级管理、以省级人民政府管理为主"的高等教育管理体制和"在国务院领导下，分级管理、地方为主、政府统筹、社会参与"的职业教育管理体制的确立和不断完善，在高等教育大众化快速推进的背景下，我国高等教育开始重心下移，高等教育布局逐步向地市州延伸，地市州高等教育发展迅速且逐渐成为国家高等教育的重要组成部分。地市州高等教育的发展不仅改变了国家高等教育的整体布局结构，而且推动了高等教育功能的变革，使高等教育更贴近民生，更有力地服务于各地经济社会的发展。优化高等学校区域布局的政策建议主要有以下几个方面。

1. 政府主导高等教育资源配置

在推动我国高等教育发展的进程中，充分发挥市场机制的作用，并不意味着政府可以放弃其在高等教育财政支持方面的主要职责。我国教育体制的改革应当与社会主义市场经济体系相适应，然而，市场经济的本质并不会改变教育作为准公共产品的特性，市场经济与政府在教育领域的职能并不是相互排斥的。在市场经济体系下，教育不应被视为纯粹的私人产品，因此不能完全依赖市场机制来配置教育资源，政府应当在教育资源分配中扮演核心角色。

首先，政府的核心职责是确保社会公平并提供市场无法提供的公共产品，专注于这些基本职能将提升政府的效能。其次，在当前阶段，政府在高等教育资源配置中的主导作用主要体现在以下几个方面。一是政府需要为高等教育的发展提供必要的财政支持。长期教育经费不足将严重阻碍我国高等教育的普及化进程和教育质量的提升。因此，政府必须迅速建立和完善一套以满足社会公共需求为核心的公共财政体系，履行其公共财政职能，加大教育投资力度，弥补历史欠账，以尽快达到《中国教育改革和发展纲要》所设定的标准。二是建立助学机制，确保有潜力且愿意接受高等教育的贫困家庭子女不会因为经济困难而失去学习机会。完善对贫困学生的资助体系，对于实现高等教育的公平性和可持续性至关重要。三是建立保障地区间高等教育均衡发展的机制。市场机制虽然有其优势，但也存在显著的局限性，许多社会目标，如宏观调控、整体效益优化、促进教育公平等，无法仅通过市场力量来实现。根据社会公正原则分配高等教育资源并非市场的功能，资本的逐利性不会促使稀缺资源流向落后地区，而是加速流向发达地区。如果不对市场资源进行合理调配，可能会扩大而非缩小区域间高等教育发展的差异，导致"累积性因果循环"或"贫困的恶性循环"。

市场机制虽然追求公平，但难以保证绝对公平，这是市场的缺陷，却是政府的优势所在。高等教育布局的合理调整涉及整个高等教育系统，只有政府才能发挥整体协调和宏观调控的作用，以弥补市场的不足。政府在促进高等教育均衡发展方面的主导地位主要体现在：一是利用国家财政的专项资金、转移支付、税收优惠、贷款优惠以及发达地区的对口支援等，加大对欠发达地区高等教育发展的扶持力度，缩小不同地区高等教育资源配置的差距；二是通过立法、规划、经济和行政等措施，指导和调控全国范围内高等教育资源的合理配置。

2. 实行差别政策，加大对欠发达地区的支持力度

全球众多国家和地区通过实施差异化的教育资源配置策略，在缩小地区间教育发展差距方面积累了丰富经验。例如，英国中央教育咨询委员会在 1967 年发布了《普劳顿报告》，该报告提出了一项全国性的教育补偿计划，即建立"教育优先区"。该计划要求为那些发展滞后的地区、贫困和处于不利地位的地区提供额外的教育资源支持，目的是确保这些地区的学生能够获得适当的教育，并能与其他地区的学生公平竞争。而自 20 世纪 60 年代起，美国受到社会、文化、政治和学术背景多元化的影响，其教育政策更加注重补偿性，旨在改善处于不利地位的儿童和少数民族儿童的教育状况。这些差异化的政策实践对我国高等教育布局的调整同样具有重要的参考价值。

区域经济发展水平是影响高等教育发展的关键因素。区域高等教育落后的主要原因是其经济发展落后，要促进欠发达地区的高等教育得到较快发展，必须注重加快这些地区的经济发展。

首先，要完善中央财政转移支付制度，增加对欠发达地区的财政援助。在改革开放初期，我国主要通过财政转移支付来调节地区间的经济差异，在一定程度上取得了成效。当时，中央政府在资源配置中扮演了核心角色，能够从经济较发达的省

份大量提取财政资源，并向经济欠发达的省份转移。但是，随着财政权力的下放，各省份在财政管理上获得了更大的自主权，中央政府的财政调控能力显著减弱，中央财政收入占国内生产总值的比重急剧下降。到了 20 世纪 90 年代初，这一比例已经低于世界上绝大多数国家。在财政资源极度紧张的背景下，中央政府必须下定决心完善财政分配体系，增强财政调控能力，以便在资源重新分配和缩小贫富差距方面发挥更加积极的作用。

其次，加强欠发达地区的基础设施建设，营造有利的发展环境至关重要。欠发达地区在交通、通信和城市建设等基础设施方面存在短板，制约了其经济潜力的充分释放。中央政府需要加大对这些地区的公共投资力度，以促进其经济的快速增长，提升整体的经济竞争力，并缩小不同地区在经济发展水平上的差距。通过这种方式，可以有效激发欠发达地区的内生增长动力，为实现区域经济的均衡发展奠定坚实的基础。

最后，应当推动生产要素向欠发达地区转移，以提升其自主发展能力。为了促进欠发达地区的经济增长，仅仅对这些地区进行外部"输血"是不够的，关键在于培育其内在的"造血"功能。为此，必须采取措施促使各类生产要素（包括资本、技术和人力资源等）流向这些地区。除了加强基础设施建设之外，还可以通过提供税收减免和投资补助等激励措施，激励发达地区向欠发达地区输出技术和资本，同时鼓励民间资本投资于落后地区，以促进这些地区的经济发展。通过这些措施，可以有效地激发欠发达地区的经济增长活力，实现区域经济的均衡发展。

第三节　加快区域文化产业开发

习近平总书记指出，中华优秀传统文化是我们最深厚的文化软实力①，应使之成为涵养社会主义核心价值观的主要源泉。地方特色文化是推动地区经济发展的重要工具。地方高校不仅要积极参与和支持地方经济建设，还应当担负起研究、保护以及开发利用本土文化遗产的重要职责。

一　传承弘扬中华优秀传统文化

任何国家的高等教育都不可能与本国的传统文化割裂开来，中华优秀传统文化是中国高等教育的文化基础和深厚底蕴。没有传承就谈不上创新，地方高校应充分发掘传统文化的精华，并切实做好传承工作。

1. 促进中华优秀传统文化进课堂、进校园

中华优秀传统文化，作为中华民族智慧的精华，深刻反映了民族的共同理想、价值取向和道德规范，是推动民族繁荣发展的精神动力。这些文化精髓不仅是高等教育机构传承的宝贵财富，也是其教育实践的重要资源。因此，参与"双一流"建设的大学应以高度的文化自觉珍视中华优秀传统文化，深入挖掘其时代价值和教育意义。通过课程建设，构建包含传统文化、历史和经典文献等内容的课程体系，并将其列为学生的必修课程。定期组织"诗词大会""经典阅读"等活动，营造浓

---

① 习近平：《论党的宣传思想工作》，中央文献出版社，2020，第90页。

厚的学习中华优秀传统文化的校园氛围。同时，将中华优秀传统文化元素融入校园环境和建筑设计中，让师生能够更深刻地体验中华优秀传统文化的魅力。

2. 强化中华优秀传统文化的理论探索

高等教育与本国传统文化之间存在不可分割的联系。大学应主动承担起研究、弘扬中华优秀传统文化和摒弃陈旧落后文化的责任。作为科研人才的聚集地，地方高校在文化研究领域拥有显著优势，能够积极开展与中华优秀传统文化紧密相关的科研工作。可通过建立专门的研究机构，以中华优秀传统文化的丰富资源为"原材料"，进行深入的理论研究，并积极开拓大学理论研究的新领域。同时，要坚持将理论研究与大学文化教育紧密结合，通过出版学术刊物等形式分享研究成果，扩大中华优秀传统文化的影响力。

3. 培养先进的大学文化

大学文化是中国特色社会主义文化的重要组成部分。大学加强文化建设不仅是对中华优秀传统文化的传承，也是文化创新的过程，并在社会中起到引领和推动作用。因此，地方高校应坚持自身的价值和使命，塑造具有鲜明特色、能够引领社会文化发展方向的大学精神和文化。大学文化是在社会发展的大环境中逐渐形成的，其发展随着时代进步而逐步实现，而非一蹴而就的。因此，大学文化建设应顺应时代发展的潮流，满足建设中国特色社会主义文化的需求。

二　促进区域书院文化产业发展

书院是中国历史上最具特色的文化教育机构，萌芽于唐代，在唐末五代至北宋初期逐渐兴起，历经宋、元、明各朝，至清代中后期逐渐衰落，延续了千余年。它在世界教育史上具有重要地位，对中国传统文化的传承、人才培养、学术探讨、社会风尚的塑造以及地方治理都发挥了极其重要的作用。书院文化不仅是中华民族灿烂文化遗产的重要组成部分，也为当代文化教育发展提供了宝贵借鉴。

首先，实施地方高等教育机构的管理模式，以加快书院文化体制的融合与改革。利用地方高校作为平台，实现书院功能的全面整合，这将有助于书院文化的研究、保护与利用，促进书院保护观念的更新，推动书院管理体系和运作机制的革新，以及创新书院保护模式和利用途径。从历史角度来看，书院的复兴及其文化现代价值的最大化，需要依托教育、研究、保护和利用并行的策略。

其次，依托地方高校加大书院人才的培养力度。人才素质是书院文化保护与发展质量的关键。可以借助地方高校建立文博人员继续教育基地，培养文物保护规划、文物修复鉴定、陈列创意设计和国际交流合作等领域的专业人才。尤其需要加强对书院研究方向的硕士和博士研究生的培养，以快速扩充研究队伍，形成稳定的工作团队，确保人才供应和青年骨干的持续成长。此外，地方高校还应为现有书院专业人员提供在职培训，不断提升其研究能力。

最后，深化研究与开发，加快书院文化产业的转化。地方高校在推动文化产业化进程中发挥着重要作用，对区域经济建设具有显著的推动效应。根据内生经济增长理论，人力资本和知识信息资源是区域经济增长的主要驱动力。地方高校为书院文化的产业转化提供了必要的人才和技术支撑。技术创新是知识转化为生产力的关键环节，书院文化资源的保护和开发需要依托地方高校的技术支持和创新，同时深入研究旅游产品的开发，可以促进书院文化产业的快速转化。

参考文献

一　中文文献

〔英〕艾莉森·F.理查德：《中外大学校长论坛综述》，《光明日报》2004年8月5日。

安树伟、李瑞鹏：《高质量发展背景下东北振兴的战略选择》，《改革》2018年第7期。

白海宁：《高等学校科研水平综合评价研究》，硕士学位论文，华北电力大学，2011。

蔡娟：《地方高校服务社会论略》，《广西师范大学学报》（哲学社会科学版）2009年第4期。

蔡袁强：《地方大学的使命：服务区域经济社会发展——以温州大学为例》，《教育研究》2012年第2期。

曹旭华：《地方本科高校办学定位与发展战略研究》，经济科学出版社，2010。

查玉喜：《地方高校内涵式发展研究》，博士学位论文，山东师范大学，2021。

陈厚丰：《中国高等学校分类与定位问题研究》，湖南大学出版社，2004。

陈晓阳等：《地方高校服务区域经济发展的战略选择及实践》，《中国高等教育》2012年第15期。

陈新亮：《地方高校增强服务社会职能研究》，湖南人民出版社，2014。

程建军、倪颖：《和谐校园视野下的高校社会服务职能》，《江苏高教》2009年第2期。

程肇基：《地方高校服务区域经济建设研究——以江西为例》，博士学位论文，武汉大学，2015。

程肇基：《地方高校与区域经济共生发展的理论探索》，《教师教育研究》2013年第5期。

单佳平：《高校服务区域经济推进校地合作的探索》，《中国高等教育》2007年第12期。

邓向荣、刘乃辉、周密：《中国政府科技投入绩效的考察报告——基于国家级六项科技计划投入效率与问题的研究》，《经济与管理研究》2005年第6期。

杜栋、庞庆华、吴炎编著《现代综合评价方法与案例精选》（第2版），清华大学出版社，2008。

段雪辉：《地方高校社会服务模式研究》，西安交通大学出版社，2017。

段雪辉：《地方高校提升社会服务能力的路径探析》，《教育探索》2015年第9期。

房剑森：《高等教育发展论》，广西师范大学出版社，2001。

冯东：《地方高校与政府协同发展的多重阻力与政策规制》，

《现代教育管理》2016 年第 8 期。

冯晓江等：《地方高校服务区域经济社会发展的理论与实践——以延安大学为例》，《延安大学学报》2013 年第 6 期。

高振强：《地方高校智库的属性及其发展策略》，《高教发展与评估》2014 年第 3 期。

龚放：《大学教育的转型与变革》，中国海洋大学出版社，2006。

龚六堂：《高质量的经济增长以什么"论英雄"》，《人民论坛》2017 年第 36 期。

郭连军：《地方普通高校发展的比较优势》，《辽宁教育研究》2005 年第 9 期。

国家教育行政学院：《高等教育论纲》，南开大学出版社，2003。

何文晓：《高等教育合理存在的哲学基础——兼论高等教育哲学的政治论与认识论》，《教育观察》（上旬刊）2013 年第 8 期。

和飞：《地方大学办学理念研究》，高等教育出版社，2005。

贺小飞：《高等教育区域服务职能研究》，北京出版社，2007。

侯长林、罗静：《论教学服务型大学的哲学基础》，《贵州社会科学》2017 年第 1 期。

胡丽娟：《安徽大学服务地方经济社会发展研究》，硕士学位论文，安徽大学，2013。

胡平：《经济结构战略性调整对高等学校专业结构设置的影响》，《中国高教研究》2011 年第 7 期。

胡守钧：《社会共生论》，复旦大学出版社，2006。

黄福涛：《大学治理模式演变与国际发展趋势》，《清华大学教育研究》2024 年第 1 期。

黄家庆、何光耀：《区域经济发展转型与地方高校转型发展的
　　耦合》，《人民论坛》2014 年第 35 期。

黄家庆、卢明德：《地市高校发展中凸显的问题与对策》，《广
　　西师范学院学报》（哲学社会科学版）2008 年第 3 期。

黄瑞：《高校社会服务职能的发展及实现形式》，《经济与管
　　理》2015 年第 10 期。

黄水香：《地方高校服务区域经济社会发展的路径选择》，《黑
　　龙江教育》（高教研究与评估）2017 年第 10 期。

季志：《地方高校服务社会的有效机制及模式》，《遵义师范学
　　院学报》2010 年第 5 期。

姜燕：《发达国家高校社会服务评价研究——基于政策文本的
　　比较分析》，硕士学位论文，江西师范大学，2023。

经济合作与发展组织：《高等教育与区域：立足本地制胜全
　　球》，清华大学教育研究院译，教育科学出版社，2012。

孔繁敏等编著《建设应用型大学之路》，北京大学出版社，
　　2006。

寇尚乾：《转型发展背景下省属地方高校办学定位的再设计》，
　　《教育与职业》2015 年第 29 期。

劳凯声：《智能时代的大学知识生产》，《首都师范大学学报》
　　（社会科学版）2019 年第 2 期。

李波、王兴华：《基于 PLS 的高校整体社会服务能力研究》，
　　《教育科学》2016 年第 3 期。

《李岚清教育访谈录》，人民教育出版社，2003。

李庭坤：《发挥高校优势 助力民族地区乡村振兴》，《贵州民族
　　报》2020 年 11 月 10 日。

李文利:《从稀缺走向充足——高等教育的需求与供给研究》,
教育科学出版社,2008。

李新荣:《地方高校社会服务的特点及其实现策略》,《社会科
学战线》2007年第3期。

〔美〕里查德·雷文:《大学如何服务于社会》,《国家教育行
政学院学报》2006年第9期。

梁彤:《地方高校转型背景下产业学院的形成与发展研究》,博
士学位论文,华中科技大学,2021。

刘道玉:《论世界一流大学的建设——从创造性与大学精神谈
起》,《高教探索》2004年第2期。

刘海峰、史静寰:《高等教育史》,高等教育出版社,2010。

刘焕阳、韩延伦:《地方本科高校应用型人才培养定位及其体
系建设》,《教育研究》2012年第33期。

刘庆强、侯光辉、田园、何继新:《高校社会资本与社会服务
参与的互动关系:一个类型化解释框架》,《高教探索》
2013年第1期。

柳国梁主编《服务型区域教育体系的地方高校转型研究》,高
等教育出版社,2014。

柳和生、程肇基:《地方院校如何以学科建设促进人才强校》,
《中国高等教育》2006年第12期。

卢立珏:《地方高校科研转型的路径与策略——基于"三螺旋理
论"框架的分析》,博士学位论文,华中科技大学,2018。

鲁林岳:《服务区域经济建设:地方高校发展与转型的价值导
向与追求——以浙江省经济发展特色与高校建设为个案》,
《中国高教研究》2009年第1期。

马计斌：《高等学校如何为地方经济建设服务》，河北大学出版社，2010。

马莉、俞世伟：《高校科研创新驱动力促进地方经济发展研究》，《宁夏社会科学》2016 年第 6 期。

马晓春、牛欣欣：《创业型大学：地方大学变革的新图景》，山东人民出版社，2013。

马伊薇：《新时代委属民族院校高质量发展的理念、内涵及路径研究》，硕士学位论文，西北民族大学，2023。

〔英〕迈克尔·夏托克编《高等教育的结构和管理》，王义端译，华东师范大学出版社，1987。

梅妹娥、仲伟俊：《我国高校科技成果转化障碍因素分析》，《科学学与科学技术管理》2008 年第 3 期。

〔美〕西奥多·W. 舒尔茨：《教育的经济价值》，曹延亭译，吉林人民出版社，1982。

〔美〕约瑟夫·熊彼特：《经济发展理论》，郭武军、吕阳译，华夏出版社，2015。

孟庆红：《区域经济学概论》，经济科学出版社，2003。

睦依凡、汤谦凡：《我国高校社会服务 30 年发展实践研究》，《中国高教研究》2008 年第 11 期。

潘懋元：《做强地方本科院校 建设高等教育强国》，《井冈山大学学报》（社会科学版）2010 年第 1 期。

潘懋元、车如山主编《做强地方本科院校的理论与实践研究》，高等教育出版社，2016。

潘懋元、王伟廉：《高等教育学》，福建教育出版社，1995。

钱佩忠、潘海天：《与区域经济互动推进地方高校持续创新》，

《高等教育研究》2006 年第 10 期。

曲绍卫等:《经济视野中的高等教育》,中国海洋大学出版社,2006。

帅全锋、王英、张玉杰等:《高等学校社会服务评价体系的思考》,《黑龙江教育:高教研究与评估》2007 年第 4 期。

宋博:《"双一流"建设大学广义社会服务能力评价与提升策略研究》,博士学位论文,武汉大学,2020。

宋伟:《地方院校参与区域经济可持续发展的三级模型分析》,《科研管理》1997 年第 5 期。

孙永波、毕延彤:《论地方高校发展与服务地方经济错位及解决途径》,《继续教育研究》2015 年第 1 期。

滕大春:《美国教育史》,人民教育出版社,1994。

涂成林、魏伟新:《高校智库服务地方政府决策的路径与对策——以广州大学广州发展研究院为例》,《广州大学学报》(社会科学版) 2011 年第 12 期。

涂斯岚:《东莞 L 学院社会服务存在问题及对策研究》,硕士学位论文,广西师范大学,2023。

王保华、张婕:《高等教育地方化:地级城市发展高等教育研究》,人民教育出版社,2005。

王承绪主编《高等教育新论——多学科的研究》,浙江教育出版社,1988。

王东京:《地方高校服务社会主义新农村建设的对策》,《江苏高教》2008 年第 5 期。

王环:《地方高校服务地方经济的几点思考》,《华章》2014 年第 1 期。

王军胜：《创业型大学服务区域社会经济的路径探析》，《教育发展研究》2013 年第 7 期。

王军胜：《地方高校转型发展与创新》，科学出版社，2018。

王莉、吴文清：《地方高校智库建设的逻辑分析——基于地方政府治理模式创新的探讨》，《清华大学教育研究》2013 年第 6 期。

王立新：《服务区域社会经济是地方高校的必然选择》，《中国高等教育》2007 年第 17 期。

王楠等：《地方高校服务区域经济的模式创新研究——基于燕山大学的案例》，《生产力研究》2011 年第 3 期。

王平：《地方高校服务区域经济文化发展的思考——以白城师范学院为例》，《吉林省教育学院学报》2017 年第 2 期。

王秋敏：《地方高校助力乡村振兴的问题与对策研究——以黔南民族师范学院为例》，硕士学位论文，贵州大学，2022。

王莎：《高等教育对区域经济增长的影响分析》，《对外经贸》2015 年第 9 期。

王旭东：《论地方高校社会服务职能的拓展》，《中国高教研究》2007 年第 8 期。

王伊梦：《普通本科高校社会服务能力评价研究》，硕士学位论文，华南理工大学，2019。

文少保：《高校智库服务政府决策的逻辑起点、难点与策略——国家治理能力现代化的视角》，《中国高教研究》2015 年第 1 期。

吴鑫、张正义：《关于强化地方高等学校社会服务意识的思考》，《山西财经大学学报》（高等教育版）2005 年第 4 期。

吴一鸣:《高职院校社会服务能力的要素解构与评价策略》,《职教论坛》2016 年第 13 期。

〔美〕希拉·斯劳特、拉里·莱斯利:《学术资本主义》,梁晓、黎丽译,北京大学出版社,2008。

习近平:《参加十二届全国人大五次会议四川代表团审议时的讲话》,《人民日报》,2017 年 3 月 9 日。

习近平:《决胜全面建成小康社会 夺取新时代中国特色社会主义伟大胜利》,《人民日报》2017 年 10 月 28 日,第 1 版。

向大顺:《新形势下高校校企合作模式运作探讨》,《湘潭师范学院学报》(自然科学版) 2008 年第 4 期。

肖炜煌:《地方高校学科发展的动力机制研究》,博士学位论文,江西财经大学,2023。

谢秀英:《论市场化进程中高等学校的区位指向》,《陕西师范大学学报》(哲学社会科学版) 1999 年第 4 期。

徐鸿钧等:《高等教育服务经济社会的国际经验:基于对欧美五国的历史考察》,高等教育出版社,2014。

徐吉洪:《我国地方高校"省部共建"政策运行研究——以 G 大学为例》,博士学位论文,南京师范大学,2017。

徐廷福、刘惠:《高校教师社会服务伦理的提升》,《教育伦理研究》2017 年第 0 期。

徐同文:《区域大学的使命》,教育科学出版社,2004。

徐文俊、刘志民:《高等教育与区域经济互动发展的问题与对策》,《江苏高教》2011 年第 3 期。

徐晓红、杨永刚:《关于地方高校服务地方经济社会发展的思考》,《现代教育科学》2015 年第 11 期。

徐元俊：《地方高校服务地方经济建设的策略与途径探索》，《河北经贸大学学报》（综合版）2012年第3期。

许青云：《地方高校如何服务于地方经济与社会发展的实践与思考》，《高等农业教育》2010年第7期。

杨德广：《试论现代大学的性质和功能》，《高等教育研究》2001年第1期。

杨玉良：《大学智库的使命》，《复旦学报》（社会科学版）2012年第1期。

叶茂林：《教育发展与经济增长》，社会科学文献出版社，2005。

叶芃：《地方高校定位研究》，博士学位论文，华中科技大学，2005。

殷翔文：《高校为地方经济建设服务的探讨》，《江苏高教》1995年第6期。

于静霞、刘玲利：《我国省际科技投入产出效率评价》，《工业技术经济》2007年第9期。

余茂才：《地方大学的地方性研究》，武汉大学出版社，2010。

曾旸：《完善科学基金项目同行评议体系的探讨》，《研究与发展管理》2007年第2期。

湛俊三、叶子培：《地方高校战略联盟研究》，中国水利水电出版社，2020。

张继明：《大学社会服务职能的理性审思》，《江苏大学学报》（社会科学版）2015年第5期。

张军扩等：《高质量发展的目标要求和战略路径》，《管理世界》2019年第7期。

张磊、谢祥、朱佳鑫：《高校社会服务能力评价问题研究》，

《东北大学学报》（社会科学版）2013年第5期。

张利君：《地方高校科技创新效率影响因素研究》，硕士学位论文，东北电力大学，2023。

张男星等：《高等学校绩效评价论》，教育科学出版社，2012。

张人崧、伍新德：《国外高校服务地方经济的演变、模式与经验》，《中国成人教育》2012年第4期。

张胜利：《地方高校服务地方经济社会的"道"与"行"》，《湖南社会科学》2011年第6期。

张苏：《高等教育与经济发展关系的实证研究》，中国书籍出版社，2013。

张振助：《高等教育与区域互动发展论》，广西师范大学出版社，2004。

章静：《我国高校专利战略及其绩效评价研究》，硕士学位论文，重庆大学，2010。

赵炳起：《教育分层与地方高校的发展》，《教育评论》2007年第1期。

赵庆年等：《普通高等学校定位实证研究》，中国社会科学出版社，2015。

赵蓉蓉：《地方本科高校产教融合运行机制研究——以L大学为例》，硕士学位论文，聊城大学，2023。

赵文学：《经济复杂性对区域高等教育结构布局的影响研究》，博士学位论文，华东师范大学，2024。

赵哲：《高校与企业、科研院所协同创新的现状与对策——以辽宁高校为例》，《现代教育管理》2013年第6期。

中共江西省委教育工委宣传部编《鄱阳湖教育高峰论坛文集》，

江西高校出版社，2010。

周绍森、储节旺：《地方高校如何走出误区科学定位》，《中国高等教育》2004 年第 2 期。

周旭清、王思民：《地方高校服务区域经济发展的新思考》，《教育学术月刊》2011 年第 1 期。

朱建新：《地方应用型大学变革研究——以 X 学院为例》，博士学位论文，浙江大学，2019。

朱明：《地方高校核心竞争力》，中国大百科全书出版社，2005。

朱向群：《推进地方高校服务地方经济社会发展的对策研究》，硕士学位论文，湘潭大学，2008。

邹采娟：《普及化阶段地方高校高质量发展对策研究——以 W 大学为例》，硕士学位论文，西华师范大学，2023。

二 英文文献

Bacevic, J. , "Beyond the Third Mission toward an Actor-based Account of Universities' Relationship with Society", *Universitiesin the Neoliberal Era: Academic Cultures and Critical Perspectives*, 2017: 21-39.

Correa Bernardo, M. A. , Butcher, J. , Howard, P. , "An International Comparison of Community Engagement in Higher Education", *International Journal of Educational Development*, 2012, 32 (1): 187-192.

Della Volpe, M. , Esposito, F. , "Discursive Practices about Third Mission. A Survey from Italian Universities' Official Websites", *Quality in Higher Education*, 2020, 26 (2): 224-239.

Etzkowitz, H. , Webster, A. , Gebhardt, C. , Terra, B. , "The Future of the University and the University of the Future: Evolution of Ivory Tower to Entrepreneurial Paradigrn", *Research Policy*, 2000, 29 (2): 313-330.

Guerrero, M. , Urbano, D. , "The Transformative Role of Universities: Determinants, Impacts, and Challenges", *Entrepreneurial and Innovative Practices in Public Institutions: A Quality of Life Approach*, 2016: 1-17.

Medina-Borja, A. , Triantis, K. , "Modeling Social Services Performance: A Four-stage DEA Approach to Evaluate Fundraising Efficiency, Capacity Building, Service Quality, and Effectiveness in the Non-Profit Sector", *Annals of Operations Research*, 2014, 221 (1): 285-307.

Menon, M. E. , "Productivity as an Indication of Quality in Higher Education: The Views of Employed Graduates in Greece", *Quality in Higher Education*, 2016, 22: 1-14.

Nelson, A. J. , "Putting University Research in Context: Assessing Alternative Measures of Production and Diffusion at Stanford", *Research Policy*, 2012, 41 (4): 678-91.

Papadimitriou, A. , "Beyond Rhetoric: Reinventing the Public Mission of Higher Education", *Tertiary Education and Management*, 2020, 26: 1-4.

Piazza, R. , "The Learning Region between Pedagogy and Economy", *European Journal of Education*, 2010, 45 (3) .

Pidcock, S. , "Strategic Planning in a New University", *Journal of Further and Higher Education*, 2010, 25 (1): 67-83.

Scott, N. R., "Strategy for Activating University Research", *Technological Forecasting and Social Change*, 1998, 57 (3): 217-219.

Shane, S., *The Illusions of Entrepreneurship: The Costly Myths That Entrepreneurs, Investors, and Policy Makers Live By*, Yale University Press, 2008.

Winter, A., Wiseman, J., Muirhead, B., "University Community Engagement in Australia: Practicepolicy and Public Good", *Education Citizenship and Social Justice*, 2006, 1 (1): 211-230.

图书在版编目（CIP）数据

地方高校服务区域高质量发展的创新实践及推进策略 /
李茂林著 . --北京：社会科学文献出版社，2025.5.
ISBN 978-7-5228-5359-8

Ⅰ. G649.2；F127

中国国家版本馆 CIP 数据核字第 2025UE2320 号

地方高校服务区域高质量发展的创新实践及推进策略

著　　者 / 李茂林

出 版 人 / 冀祥德
组稿编辑 / 任文武
责任编辑 / 李　淼
文稿编辑 / 郭晓彬
责任印制 / 岳　阳

出　　版 / 社会科学文献出版社·生态文明分社 （010）59367143
　　　　　　地址：北京市北三环中路甲 29 号院华龙大厦　邮编：100029
　　　　　　网址：www.ssap.com.cn
发　　行 / 社会科学文献出版社 （010）59367028
印　　装 / 三河市尚艺印装有限公司

规　　格 / 开　本：787mm×1092mm　1/16
　　　　　　印　张：16　字　数：180 千字
版　　次 / 2025 年 5 月第 1 版　2025 年 5 月第 1 次印刷
书　　号 / ISBN 978-7-5228-5359-8
定　　价 / 78.00 元

读者服务电话：4008918866